Baronne STAFFE

INDICATIONS PRATIQUES

POUR OBTENIR

UN

BREVET DE FEMME CHIC

PARIS

ERNEST FLAMMARION, ÉDITEUR

26, RUE RACINE, 26

INDICATIONS PRATIQUES

POUR OBTENIR

UN

BREVET DE FEMME CHIC

INDICATIONS PRATIQUES

POUR OBTENIR

UN

BREVET DE FEMME CHIC

Par la Baronne STAFFE

PARIS

ERNEST FLAMMARION, ÉDITEUR

26, RUE RACINE, 26

—

Le Chic.

Qu'est-ce que le chic?

Le chic n'est pas ce qu'un vain peuple pense. Ce n'est pas une chose *ou* une autre.

C'est un ensemble de beaucoup de choses, de mille détails réunis, concrétés. C'est un composé de charme, de distinction, de grâce, de naturel, de simplicité, d'originalité sans aucune excentricité.

Une personne chic est douée de tact, de bon sens, de jugement. Elle a de la dignité sans raideur, de l'énergie, de la vaillance, de la bonté. Vous ne trouvez en elle ni orgueil, ni vanité, mais elle se distingue par une fierté bien placée. Son goût est parfait et elle a le sens de l'élégance et de l'esthétique.

Une femme n'est pas chic parce qu'elle est bien habillée : elle est *seulement* bien habillée... si elle n'a pas toutes les charmantes qualités, toutes les qualités solides qui constituent le chic. Ni si elle a *seulement* un *air distingué* (comme on dit), quoique cet air soit au nombre des avantages physiques exigés pour être chic. Mais il faut, en distinction, posséder la réalité et pas seulement l'apparence.

Pour être chic, il faut donc qu'y concourent le cœur, le caractère, la façon d'être, la manière de vivre, l'aspect physique (je ne parle pas de beauté). Le chic, c'est presque la perfection humaine... qui n'est pas encore la perfection idéale. Des vertus y sont nécessaires, des vertus gracieuses.

*
* *

Il n'est pas d'être, si fruste qu'on le croie, qui ne soit influencé par la grâce et la beauté. Il n'est pas de paysan, si arriéré

qu'on le suppose, sur qui n'agisse la distinction des manières, le charme du chic.

On ne sait pas assez que beaucoup des
triomphes de la vie sont dus au don naturel ou acquis d'un ascendant quelconque
sur nos semblables. Il faut régner, soit
par une qualité innée, soit par un talent
dû à une étude persévérante. Mais pour
occuper une place vraiment enviable dans
son entourage et au-delà, il est nécessaire
de réunir en sa personne toutes les
nuances de ce qu'on appelle le chic, —
pour qualifier une manière d'être qui,
jusqu'à aujourd'hui, a été plutôt sentie
que définie.

Les gens chics sont comme enveloppés
d'effluves de sympathie qui leur font une
défense, qui les portent comme sur un
nuage olympien, qui suscitent autour
d'eux et au-devant d'eux toutes les bonnes
volontés. Leur chemin à travers la vie
devient de ce fait agréable et facile, et ils
ont encore la joie d'être utiles aux autres,
car rien n'améliore le cœur humain comme

les sentiments d'amour et d'admiration,
— et les gens chics les inspirent.

Oui, il est certain qu'on les admire pour
leur parfaite harmonie. Ils n'ont pas besoin de posséder un génie extraordinaire
ni une beauté hors ligne, mais s'ils exer-
cent un véritable pouvoir de fascination,
un pouvoir magnétique, ils le doivent à
l'élévation de leur nature, dépouillée de
toute vulgarité.

En leur présence, la crainte, la tristesse, la contrainte disparaissent. Ils apportent avec eux une sorte de stimulant.
Ils inspirent le désir de leur ressembler,
d'atteindre à leur hauteur, et c'est une
émulation dénuée d'envie.

*
* *

Les personnes chics ne se laissent pas
distancer dans l'observance des prescriptions du savoir-vivre, mais elles savent
distinguer entre l'inutile cérémonie, les
simagrées des salons, et les règles de la

nécessaire politesse, les rites de la véritable courtoisie.

Elles se soumettent aux minuties de l'étiquette, — comme si elles étaient habitantes de la Chine où une « académie de manières » réglemente sur ce point l'Empire tout entier; comme si elles avaient passé dans les « Écoles de beauté » d'Amérique où l'on est enseigné à se tenir dans le monde, mais elles ne professent aucun snobisme.

Elles n'ont pas toujours été élevées sur les genoux d'une duchesse : on les rencontre partout, dans toutes les classes. Une femme chic est peut-être une religieuse, une paysanne, une ouvrière; mais, possédant l'élégance morale à son plus haut degré, elle n'a pas d'efforts à faire pour obtenir les autres élégances sous l'habit le plus simple, dans la plus modeste situation. Et, si la destinée le veut, pour devenir, du premier coup, une parfaite femme du monde... comme vous le verrez au cours de notre petit livre.

Alors, à l'entendre parler, à la voir agir, vous ne vous douterez pas qu'elle a pu être élevée dans une ferme, une mansarde ou un couvent. Ayant corrigé en elle tous les défauts, toutes les imperfections, il lui a été bien facile d'ajouter à ses plus grands avantages cette instruction mondaine qui consiste à connaître à fond les usages. Et elle acquiert ainsi l'aisance des façons qui donne la grâce et l'élégance, sans lesquelles il n'est pas de charme complet.

Mais parce qu'elle possède le tact souverain qui est un guide si sûr, sur ce point comme sur beaucoup d'autres, elle ne s'en tient pas à la lettre. Elle n'ignore pas que rien n'est absolu, qu'en certains cas il faut savoir composer avec le cérémonial. Il lui suffit de réfléchir un peu, de s'inspirer des milieux et des circonstances. Elle a le désir de témoigner la sympathie, la déférence qu'on doit à son semblable quel qu'il soit, déférence, sympathie exprimées selon le genre de relations, l'âge des gens, mais sincères toujours. S'inspirant de ce principe, comment voulez-vous qu'elle se trompe jamais? Parce qu'elle est bonne, elle est partout et en toutes occasions exquisement polie, —à l'égard d'un enfant comme d'un vieillard, d'un mendiant comme d'un prince.

C'est cette bonté aimable, qui donne tant de charme à sa politesse, qui rend ses manières si agréables. Avez-vous connu une personne chic qui ne fût bienveillante? Non sûrement. On doit trouver la bienveillance au fond de nos plus petites actions. Nous devons avoir égard aux droits et aux goûts des autres, dans les matières les plus ordinaires.

L'éducation peut, à la rigueur, remplacer la bonté, mais non d'une façon permanente. Cultivons donc en nous cette vertu, pour l'acquérir ou l'augmenter, si nous voulons être *absolument* chics. On n'arrive pas toujours du premier coup à se vaincre, à s'améliorer, mais chaque effort nous rapproche du but à atteindre, comme dans l'ordre matériel, chaque pas diminue le chemin à parcourir.

*
* *

Pas de distinction réelle sans une véritable noblesse de cœur, et pas de chic sans distinction.

La distinction naît des plus charmantes qualités de l'être intime, intérieur, et de la douceur du caractère ; aussi y a-t-il des gens distingués (comme on dit), dans toutes les classes de la société. L'aménité des manières et la grâce de l'esprit les caractérisent. Une intelligence transcendante ne leur est nullement indispensable, les grands savants, les poètes, les artistes se plairont auprès d'une femme « distinguée », encore qu'elle leur soit inférieure au point de vue de l'intellectualité.

La distinction ne s'aperçoit pas toujours de loin, non plus : elle demande à être approchée. Pour juger de la distinction des gens, il est nécessaire de les voir de près, chez eux.

On peut être « distingué » sans posséder un esprit étincelant, nous l'avons dit, sans être d'une grande beauté, mais le charme puissant de la grâce et de la douceur y est indispensable. La distinction sert beaucoup ceux que la nature a gratifiés de ce don ou qui l'ont obtenu en se cultivant sans relâche. Fouillez vos souvenirs, voyez si vous n'avez pas toujours été prévenus en faveur de céux qui étaient dotés de ce précieux avantage. Il faut donc vouloir acquérir ou conserver religieusement cette délicieuse façon d'être.

L'amabilité constante mais non exubérante, une surveillance morale incessante, qui sauve de toute vulgarité, désignent les gens « distingués » aux bons esprits. Et parce qu'ils ne parlent pas sans cesse, parce qu'un mot grossier ou malséant ne pourrait monter à leurs lèvres. Et parce que l'afféterie, la pose leur sont inconnues, que la simplicité et le naturel (non pas le laisser-aller) sont au nombre de leurs qualités charmantes.

*
* *

Ce qu'on appelait « l'air de cour », « le bel air », plus tard « l'air du faubourg », était-ce ça le chic, autrefois ? Non, c'eût été insuffisant. En ce temps-là, le mot n'était pas encore inventé, mais bien des gens auraient mérité la qualification, qui s'asseyaient ou ne s'asseyaient pas dans les carrosses du *Roy*. Et vraiment ce mot qui, dans ses quatre lettres, renferme tant de choses que nous dirons, manquait à notre vocabulaire. C'est heureux qu'une pression de l'opinion l'ait fait adopter par l'Académie et les Salons.

Alors, il ne faut pas non plus en croire les couturiers, quand ils décrètent que le chic, ce sont les toilettes, les attitudes, les manières de la belle Mme X..., ou de la très allurée Mme Z...; ni les tailleurs quand ils donnent pour modèle de chic le

duc Un Tel et le prince de Transylvanie?
Non, car ces femmes et ces hommes, qui
se proposent à l'admiration de leurs
contemporains, manquent déjà d'une des
qualités les plus importantes qui constituent le chic : la réserve, la modestie.

Il en faut donc beaucoup de ces qualités?
Oui, mais elles sont toutes accessibles.
L'élégance doit les rehausser, j'entends
cette élégance que possèdent ceux dont la
nature est plutôt aérienne, comme disent
les occultistes, c'est-à-dire dont le tempérament ne recèle ou ne recèle plus aucun
alliage grossier.

La personne physique — même sans
avantages extraordinaires; la toilette —
même sans luxe; le logis — même sans
richesse ; les habitudes de vie — même ordinaires ; la personne morale — même
sans génie, concourent, réunis, à nous
faire obtenir le brevet de chic justement
ambitionné.

Mais il faut comprendre ce que doivent
être cette personne physique, cette toilette,

ce logis, ces habitudes et, par-dessus tout, cette personne morale.

Tout de suite, avant d'aller plus loin, prévenons que chacun, en se cultivant, en se réformant, peut, sans efforts surhumains, arriver à se faire qualifier de personne chic.

Les esprits chagrins diront : A ce compte le fameux chic sera donc vulgarisé prochainement, et alors ?... Non, pas vulgarisé, généralisé.

Et n'est-ce pas désirable ? La vie ne serait-elle pas mille fois plus agréable si chacun essayait de s'embellir au physique et au moral ? D'ailleurs que les égoïstes et les orgueilleux se rassurent... eux qui ne sont pas chics. Il y aura trop longtemps encore des tempéraments sans délicatesse, des esprits sans ailes. Ceux qui en sont affligés ne peuvent jamais devenir *complètement* chics. Et ainsi, il y aura pendant longtemps encore, au milieu des gens ordinaires, des êtres dont la grâce sera exceptionnelle, des gens chics enfin... Ce ne seront pas ceux qui sont entachés d'orgueil ou d'égoïsme.

Voyons maintenant quelle est la manière de vivre, la façon d'être de la femme chic, ce qu'est son cœur, ce qu'est son caractère, comment elle parle et quel est l'homme qu'elle aime.

Sa manière de vivre.

La femme chic
n'est pas nécessairement riche.

La femme chic porte élégamment la médiocrité... voire la pauvreté, comme elle peut être égale aux plus hautes situations.

Si elle appartient à la caste formée par la magistrature, l'armée et le fonctionnarisme, elle ne se déclare pas très malheureuse si son père ou son mari n'a pas de fortune personnelle — ou si elle n'a pas apporté de grosse dot dans le ménage. Elle ne dit pas qu'elle ne peut « tenir son rang », « représenter, » que c'est affreux de n'en avoir pas les moyens.

Elle se tire d'affaire en adoptant bravement la simplicité. Elle ne cherche pas à paraître riche... aussi ne s'aperçoit-on pas qu'elle est pauvre.

C'est pour toutes choses ainsi : son mobilier, sa toilette, ses réceptions. Elle ne se tourmente pas de la modicité de ses ressources et, faisant de son mieux, elle fait très bien. Elle tient beaucoup plus à la dignité de la vie, pour elle et pour les siens, qu'aux apparences de la fortune, apparences qui jettent dans de si terribles embarras ceux qui veulent se les donner et qui n'arrivent pas pourtant à tromper les gens.

Cette adorable simplicité indique le raffinement de son goût et une fierté qu'on peut admirer. Elle y puise des satisfactions saines, bien au-dessus de celles qu'on cherche dans le luxe simulé et la vanité de paraître ce qu'on n'est pas.

Elle se demande, presque naïvement, quelle honte on peut éprouver à ne posséder qu'une petite aisance ou même seulement le nécessaire ; pourquoi on rougirait de la pauvreté elle-même, quand elle n'est engendrée ni par la paresse, ni par les pertes dues à un besoin malsain de jouis sances matérielles?

N'est-ce pas raisonner avec beaucoup de logique, avec **un jugement** très droit? Combien la vie serait plus facile pour beaucoup de gens si on cultivait en soi les sages et charmantes idées de la femme chic!

Mais si elle est riche, il n'est personne qui sache organiser sa maison sur un aussi grand pied, qui sache donner à sa vie une aussi haute allure, tout en faisant à la bienfaisance une part extrêmement large. Elle dépense noblement pour répandre l'aisance autour d'elle, pour faire profiter ceux qu'elle aime de sa fortune, autant qu'elle-même et parfois plus, pour aider le commerce et toutes les industries, pour encourager tous les arts.

La femme chic
pratique une coquetterie nécessaire.

Elle sait que le soin de la toilette est la première condition d'une élégance véritable. Elle ne croit pas qu'une belle robe, un joli chapeau suffiront à la parer. Elle veut que toutes les parties du costume soient en parfaite harmonie; et, en conséquence, elle veille à tous les détails de son ajustement.

Elle ne se contenterait pas de la richesse des tissus et des ornements; elle veut porter des gants frais avec une robe neuve, et des bottines irréprochables, un col bien net.

A côté d'elle, vous rencontrez des femmes vêtues d'une jolie robe, coiffées d'un chapeau de la grande faiseuse, et à qui il manque quelque chose, *je ne sais quoi,* car elles ont des bijoux, des dentelles, etc. Notre femme chic est habillée d'une robe de laine ou de toile, d'un chapeau qu'elle a chiffonné elle-même, si elle n'a pas de fortune. On la trouve mieux mise. C'est qu'elle est bien gantée, son gant fût-il de coton; bien chaussée. Le bord de son jupon est d'une fraîcheur exquise. Il ne lui manque pas un bouton, on sent que tout est en ordre dans ses vêtements. Si elle a un ruban, il est noué avec grâce. Son ombrelle, son petit sac, tous les menus objets dont les femmes s'entourent, sont en bon état. Aussi l'œil se repose avec plaisir sur cet ensemble simple, mais charmant et bien ordonné.

Vous ne verrez jamais sur elle une dentelle trouée, un ruban lustré, une fleur fanée, un bijou vulgaire. Elle renonce, sans regret, aux ornements dont on peut se passer, qu'elle ne pourrait renouveler à temps, qui seraient forcément grossiers.

Elle choisit dans la mode les formes les plus unies, les moins excentriques ; aussi ses toilettes ne datent-elles pas. Ses costumes sont solides, corrects, mais d'une coupe gracieuse. Elle s'est vouée à trois couleurs, les moins coûteuses parce qu'elles ne *passent* pas et sont facilement remises à neuf : le noir, le bleu sombre, le blanc.

Si elle est riche ou dans l'aisance seulement, c'est la femme la mieux habillée qu'on connaisse, parce que, dans ses parures magnifiques, se manifestent son goût sobre et parfait, son admirable bon sens. On ne la ferait pas transiger quand il s'agit de formes qui ne conviennent pas à sa structure, de nuances qui nuisent à son teint.

Doit-elle compter et pratiquer le culte de sainte simplicité, on dit d'elle : « Un rien suffit à la parer, à la faire belle. » C'est qu'elle offre l'ensemble harmonieux qui est la principale condition de la beauté, c'est qu'elle ne voudrait choquer les yeux par aucune négligence.

Et cela, dans sa maison comme au dehors, dans l'intimité comme dans « le monde. » Même lorsqu'elle vit seule, enfermée dans sa chambre, elle ne supporterait à sa robe ni une tache, ni un trou.

Elle étend cette coquetterie bien entendue à d'autres détails encore. Elle ne mange jamais d'ail, mais si elle était *forcée* de goûter un ragoût où l'on fait entrer cette bulbe mal odorante, ce n'est pas elle qui commettrait la faute d'aller en visite ou de recevoir le jour où elle aurait fait usage d'une telle nourriture. Elle ne voudrait pas devenir objet d'horreur pour les personnes délicates, se faire fuir comme une pestiférée.

Gracieusement coquette, vous ne la verriez pas relever sa robe d'un mouvement quelconque. Elle en ramasse les plis en arrière, dans la main, vers le bas, de telle sorte que le bord ne puisse être en contact avec la boue, la poussière ou les immondices, mais sans trop découvrir le jupon dit long, dont on ne doit ainsi apercevoir, sous la robe remontée, qu'une hauteur de dix à quinze centimètres, pas même toute la garniture. Et cette façon de faire est infiniment chaste et gracieuse.

La femme chic est-elle belle, jolie ? Je ne sais, elle est charmante. Elle passe, c'est comme le parfum d'une rose-thé ; on la regarde, c'est le sentiment de joie que procure un doux ciel d'avril.

L'intérieur de la femme chic.

Le *home* reflète le caractère, la manière d'être d'une femme, c'est pourquoi celui de la femme chic est toujours accueillant, reposant. C'est peut-être une habitation rurale, un logis d'ouvrier, un appartement d'employé, mais, si humble qu'il soit, il est joli, net et soigné, élégant dans la plus extrême simplicité.

Avec une intuition très sûre du beau, elle a banni de chez elle tous les laids bibelots, toutes les inutilités d'un prix peu élevé peut-être, mais qui coûtent encore trop cher puisqu'ils ne servent à rien, n'ont de mérite d'aucune sorte, et loin d'orner la maison, l'encombrent désavantageusement et augmentent, par surcroît, le travail de nettoyage et d'époussetage.

L'économie de temps réalisée par l'absence de ces brimborions sans beauté, permet de faire régner partout un ordre plus parfait, une propreté plus minutieuse; l'économie d'argent sert à entretenir le mobilier en meilleur état.

La femme chic ne saurait pas vivre en ces maisons où les tentures fripées, les meubles dépénaillés crient la pauvreté qu'on voudrait dissimuler, où une foule d'objets hétéroclites racontent le mauvais goût dont on est affligé.

Elle n'accepterait pas davantage un salon en bon état, je veux dire en état de neuf si, pour se procurer un mobilier mesquin et de qualité inférieure et des ornements de simili, il lui fallait faire son deuil des objets les plus indispensables dans les autres parties de la maison. Elle ne sacrifierait pas au luxe de l'antichambre, qu'on *ridiculise* au moyen de bibelots dits japonais, s'il lui fallait pour cela manquer de pelles, de seaux, de casseroles à la cuisine, de brocs et autres ustensiles dans le cabinet de toilette, de sièges dans les chambres à coucher. Elle additionne le prix de ces potiches, de ces paravents, de ces bouddhas qui « ne coûtent rien, ma chère, » et sont horribles — si ce ne sont pas des chefs-d'œuvre — et voit que le total serait suffisant pour se procurer les choses nécessaires au confort. Elle sait aussi que leur élimination permet d'obtenir aux différentes pièces un aspect plus aisé et plus dégagé.

Quand on entre dans sa maison claire et fraîche où, en été, des fleurs mettent le parfum, le coloris, la vie, où, en hiver, des feuillages sylvestres rappellent les grands bois, on éprouve un sentiment de doux bien-être. L'œil est charmé par l'arrangement gracieux des choses essentielles, ces choses qui *sont à leur place*, auxquelles on a fait la place exigée par chacune. Si on n'y trouve pas d'objet d'art ni de valeur, du moins, l'œil n'y découvre rien de vulgaire, il est charmé par la disposition donnée aux moindres détails, car aucune chose ne vise à l'effet.

Elle sait se composer un intérieur en rapport avec ses ressources. Elle y établit toujours, et d'abord, un bien-être, un confort relatifs, elle y sème la grâce, elle lui donne cette vraie élégance qui naît de la simplicité même. Et si elle vit dans l'aisance, et si elle dispose de richesses, elle y ajoute le véritable luxe, celui que relèvent les connaissances artistiques et la science du beau.

La table chez la femme chic.

Elle ne serait pas chic si, dans n'importe quelle position, elle ne tenait à offrir à ses invités des plats très soignés, encore qu'elle ne puisse pas toujours, et pour cause, faire des incursions dans la haute cuisine.

Mais ayant l'habitude de donner aux siens une nourriture saine et bien apprêtée, d'être attentive à la préparation des mets les plus ordinaires, ne cherchant pas à éblouir mais à bien traiter ses convives étrangers aussi, elle réussit à leur faire servir des plats excellents quoique peu compliqués.

Si sa situation de fortune l'oblige à l'économie, elle renonce aux sauces coû-

teuses, inférieures souvent au simple jus;
elle ne suit non plus aucune recette alam-
biquée, qui ne sert parfois qu'à masquer
la pauvreté de la base.

Chez elle, tout respire le soin de bien
recevoir sans aucune prétention d'étonner.

Cela ne vaut-il pas bien mieux que de
se targuer d'une science gastronomique
dont les erreurs feraient tressaillir d'indignation dans leur tombe Brillat-Savarin.
et le baron Brisse, et d'obliger la famille
d'expier ensuite cette sotte vanité par un
jeûne de huit jours. D'ailleurs, chez la
femme chic la plus riche, le menu ne sera
jamais *étourdissant*. Elle pense qu'on se
réunit à table beaucoup plus pour le plaisir
d'être ensemble que pour celui de se dé-
lecter à savourer des plats. Puis elle sait
qu'au nom d'une saine élégance, personne
ne veut plus passer pour gourmand, et
que les capacités de l'estomac moderne ne
peuvent supporter un grand nombre de
mets.

Le menu est donc assez restreint. Et la

cuisine simple étant la meilleure et la plus délicate, beaucoup de plats, dits de haut style, sont proscrits désormais, à la grande indignation des « officiers de bouche », mais à l'extrême satisfaction de bien des gens qui, « sachant manger », sont bien aises qu'on ne leur déguise pas ce qu'on leur sert sous des sauces et des amalgames savants. On ne peut qu'approuver, on se trouvera bien, à tous les points de vue, de cette gastronomie nouveau style.

Il ne faudrait pas inférer de ce qui précède que la femme chic offre à ses invités un trop petit nombre de plats. Sans être exagéré, le menu répond à tous les besoins et chaque mets est toujours d'une abondance relative au nombre des invités, afin qu'on sache bien que c'est « pour de bon » que chaque plat est présenté deux fois. L'hospitalité ainsi comprise est très large, vraiment complète, puisqu'on a aussi veillé à la succulence des plats, et encore à ce que leur liste, sans être interminable, contente tous les goûts des divers invités.

Notre femme chic s'ingénie également à ne pas offrir toujours le même dîner. Elle varie, ne voulant pas qu'on mange sans cesse chez elle la sempiternelle poularde truffée, l'identique monstre marin. Elle ne copie pas davantage le menu de mesdames telle et telle, elle craint, pour ses hôtes, cette sorte de monotonie; elle fait quelques frais d'imagination. Elle trouve qu'il est d'une politesse raffinée et soigneuse de s'occuper, dans tous les détails, du bien-être de ses invités, c'est pourquoi son hospitalité généreuse, encore qu'elle puisse être simple, l'empêche de se désintéresser de la composition des dîners.

Elle veut aussi que son couvert soit dressé avec soin et avec goût, même pour l'intimité familiale et si modeste que soit la situation. Il est vrai que si elle ne possède pas d'ustensiles en vermeil ou en argent massif, elle ne s'en préoccupe nullement. Elle sait qu'on peut être élégant sans aucun déploiement de richesses, et que la fantaisie gracieuse s'admet fort bien aujourd'hui dans le service de table.

Chez une femme chic que je connais, c'est le maître de maison qui découpe à table, et l'on ne possède pas dé manche à gigot, même en corne d'Irlande. Croyez-vous que la dame du logis en soit confuse? Jusqu'au jour où elle pourra faire la petite dépense de ce manche, elle préparera une jolie manchette en papier. Il n'y a rien à redire contre cette simplicité, puisque sont observées les prescriptions du savoir-vivre, qui interdisent de rien toucher à table qui puisse salir les doigts.

Mais par exemple, en cette même maison, rien ne manque de tous les ustensiles *indispensables*; les pelles à sel, les petits ustensiles à fruits, etc., toutes choses qui sont au nombre des objets dont on ne peut se passer, si l'on veut manger avec élégance et correction, et qu'on peut se procurer à bon marché, bien qu'ils puissent être jolis, s'ils sont bien choisis.

Voilà comment se tire d'affaire une femme chic et intelligente.

L'étiquette chez la femme chic.

Très souvent, à propos d'une certaine tenue de maison, on entend dire : C'est bon pour les gens riches.

La femme chic ne le comprend pas ainsi. Elle pense qu'en tous les intérieurs et dans l'intimité familiale doit régner une certaine étiquette, et qu'il ne faut pas se départir de la pratique du savoir-vivre dans la vie journalière.

Elle s'est dit que l'éducation comme l'instruction est obligatoire aujourd'hui, et que seuls posséderont l'élégance des manières ceux qui feront de ces questions — plus importantes qu'on ne croit — une constante étude.

En conséquence, chez elle, on ne « laisse pas aller ». Loin des yeux étrangers comme sous ces regards, on observe les usages du monde, dans tout ce que leur fonds à d'utile et de bon, tout cela sans aucun snobisme, mû par un raisonnement excellent.

Pour donner des exemples : on est toujours habillé avec soin, selon les heures du jour. On se prive, s'il le faut, de superfluités pour se procurer, dans le service de table, tout ce qui est nécessaire pour manger, avec la correction prescrite, le plus simple comme le plus élégant des menus.

Tout est ordonné pour chaque moment de la journée.

Si notre femme chic ne peut avoir, pour la servir, qu'une simple bonne, voire une femme de ménage — même intermittente, elle la *style* avec grande douceur, pour qu'elle sache, selon les règles, introduire un visiteur, servir à table, parler avec politesse.

Cette politesse est rigoureusement observée entre les membres de la famille. Elle permet les discussions, puisque les emportements étant proscrits et les égards envers chacun n'étant jamais oubliés, les divergences d'opinions ne peuvent amener ni querelles ni disputes.

A toute heure on peut venir dans ces maisons charmantes où rien n'est en défaut, d'où tout débraillé est exclu, où l'on sent que tout est établi sur des règles élégantes, si modeste que soit cet intérieur, toujours quitté à regret, où l'on revient avec plaisir.

Si notre femme chic est riche, alors on dit que sa maison, ses équipages sont les mieux tenus de Paris, que personne ne reçoit comme elle, que son organisation est la plus parfaite qu'on connaisse, qu'elle a des domestiques incomparables, que ses fêtes ne laissent jamais rien à désirer. C'est qu'elle a pris la peine d'établir toutes choses sur des principes de bon ordre et qu'elle a institué, chez elle, un cérémo-

nial non du tout puéril, mais très utile et
du meilleur goût.

Les relations d'une femme chic.

Je sais bien qu'à une époque mouve-
mentée comme la nôtre, si chaque maîtresse de maison n'avait adopté un *jour*,
il y aurait des chances pour les visiteurs
de ne jamais la rencontrer chez elle. Je
n'ignore pas qu'on finirait par se fatiguer
d'aller frapper à cette porte toujours fer-
mée et qu'après peu de temps, une famille
compterait fort peu de *connaissances*.

Mais il est vrai de dire aussi que le *jour*
a détruit le charme des salons par la
raison que, recevant à jour fixe, on ne peut
consigner sa porte aux importuns, aux
gens déplaisants, aux connaissances ba-

nales, et que la maîtresse de maison qui reçoit souvent seule — submergée par le flot de visiteurs, — ne peut pas plus se consacrer à ses amis qu'aux indifférents.

Les premiers se lassent de né pouvoir échanger avec elle une idée, des pensées; cette foule de gens qui se présentent, se succèdent, empêchent qu'une conversation ne s'établisse; les personnes intelligentes s'ennuient vite d'entendre répéter des propos insignifiants, s'en vont tôt et reviennent rarement.

C'est pour cette raison que la femme chic est circonspecte dans le choix de ses relations. Si sa situation ne l'oblige pas à recevoir *tout le monde*, elle ne se lie qu'avec des gens agréables, des personnes de mérite. Elle n'ouvre pas immédiatement sa porte au premier venu, parce que, très polie et très bonne, elle n'oserait plus l'éliminer de son salon, s'il venait à lui déplaire.

Elle n'est pas de ces femmes qui préfèrent la quantité à la qualité, elle ne fait

pas consister sa gloire et sa joie à trôner
au milieu d'un cercle plus nombreux que
choisi ; elle ne prend pas plaisir à entendre raconter par chaque visiteur la même
anecdote, le même fait divers.

Ce qu'elle aime, c'est une causerie avec
un homme intelligent ; une femme spirituelle, vive, étincelante ; des amis pleins
d'humour. Aussi les visiteurs triés sur le
volet, ont-ils grande satisfaction à se rencontrer chez elle, et y reviennent-ils aussi
souvent que la discrétion le permet.

Elle a son groupe et il lui suffit, groupe
homogène, réduit à un chiffre raisonnable
et passé au crible, nous l'avons dit, pour
tout ce qui concerne l'esprit et le caractère
— et, j'ajouterai, l'honorabilité aussi,
chose dont il faut se soucier beaucoup. Il
lui est indifférent que ceux dont les façons
lui plaisent par leur correction et leur élégance soient au-dessous d'elle, sociale-
ment parlant. Mais elle se détourne poliment, je veux dire qu'elle n'appelle pas
dans son intimité, les personnes les plus

riches ou les plus haut situées, si leurs manières sont entachées de grossièreté et même simplement de vulgarité.

Je dirai encore un des secrets de la femme chic pour se procurer des relations agréables. Elle veut avoir pris contact avec eux quelquefois, avant d'inviter les gens à venir la voir ou d'accepter qu'on les lui présente. Il arrive que des personnes, éminentes d'ailleurs, aient sur nous un singulier effet : elles nous figent, pour ainsi dire, nous ne trouvons rien à leur dire, à leur répondre. Nous reconnaissons leur mérite et nous nous sentons en leur présence stupide, lourd, presque hébété. Ce sont pourtant de braves gens, qui n'ont pas du tout l'intention de nous écraser ainsi.

Je ne vous expliquerai pas cette mystérieuse influence qu'ils ont de réduire les autres, vous seul peut-être, à cet état d'impuissance. Après quelques rencontres, si votre malaise auprès d'eux ne se dissipe pas, fuyez-les, ne les admettez pas parmi vos relations, faites cela poliment, avec bonté. Ne vous infligez pas cet ennui d'une liaison avec eux, elle vous semblerait bien lourde.

Les personnes agréables à voir sont celles qui éveillent nos facultés, avec lesquelles nous nous sentons pleins d'idées que nous exprimons facilement, auprès desquelles nous sommes gais, aimables — sans effort. Ces gens existent qui ont cette autre influence magique de nous rendre brillants, légers, confiants. C'est avec eux, qui vont à notre nature, qu'il faut nous lier, toutes autres considérations étant aussi observées... et il y a cent à parier que ce sont des êtres chics.

Les fêtes et les réceptions de la femme chic.

Il sera bientôt impossible de « recevoir », à moins d'avoir le Pactole à sa disposition. Déjà beaucoup de personnes se « libèrent », en une seule fois, des obligations contractées pendant la saison, et cette unique réception — la fête annuelle — est encore bien lourde à supporter, même pour les gros budgets.

C'est qu'on imagine tous les jours de nouveaux raffinements très coûteux, non pas tant guidé par un sentiment hospitalier, que par un esprit de vanité, pour renchérir sur ce qu'ont fait les autres amphitryons.

Le cotillon n'est-il pas devenu prétexte

à cadeaux de valeur — ce qui est du plus mauvais goût. Ne s'est-on pas avisé de glisser sous la serviette des convives un écrin contenant un bijou — qui serait un souvenir tangible des maîtres de maison à ceux qui s'étaient assis à leur table ?

Dans ces conditions, il n'est plus qu'un empereur ou un roi des trusts qui puisse offrir à dîner.

C'est pourquoi, sans doute, quelques personnes ont eu l'idée de se réunir à deux ou trois pour offrir, à l'hôtel, une fête à leurs amis respectifs, fête dont elles supportaient les frais en commun, ce qui n'était guère chic.

Pire ! on inventa de donner des fêtes où chacun payait sa part à la porte. Il fallut y renoncer. Dans ces soirées, comme dans les pique-niques et toute réunion du même genre, règnent toujours un débraillé, un laisser-aller, une liberté trop grande qui s'expliquent... s'ils ne s'excusent pas. Chacun se sent chez soi, veut en prendre pour son argent. Le respect dû à l'hôte fait défaut, puisqu'il n'y a que des *organisateurs*, le sentiment d'hospitalité n'existe pas.

La vraie délicatesse exige l'hospitalité complète ou l'abstention. Comme elle demande aussi qu'on ne soumette pas ses connaissances à l'ennui d'une hospitalité médiocre, — d'autant plus que les usages du monde la veulent réciproque et qu'en offrant une fête, on peut forcer les gens à en rendre une à leur tour... à leur grand dommage et ennui.

Lorsque le budget fait une loi de vivre simplement, pourquoi se créer ces embarras, ces charges, pourquoi aller, le plus souvent, à la rencontre du ridicule?

Si l'on n'a ni grand état de maison, ni grand état de fortune, il ne faut songer à se recevoir, à se distraire qu'entre amis sûrs et dévoués, en famille. Et on aurait tort de croire qu'on est moins heureux pour cela.

Qui nous obtiendra la suppression de ces petites réceptions guindées, mesquines, où tout le monde s'ennuie, amphitryon et invités?

La femme chic ne veut pas compliquer sa vie de telles sottises. Si elle a une situation officielle, des frais de représentation y sont attachés. Elle dépense noblement ces frais en une ou deux fois et n'y pense plus.

Les plaisirs qu'elle préfère sont ceux qui ne s'obtiennent pas à coups d'argent. Un beau livre lui est plus agréable que ces prétentieuses réceptions ; la musique, les promenades, les bonnes causeries lui donnent des jouissances supérieures à celles d'un bal. Elle se préserve ainsi des très poignantes inquiétudes qui représentent, pour tant de femmes, les lendemains de fête.

Sa position l'oblige-t-elle à paraître dans le monde, neuf fois sur dix, elle s'excuse sur un prétexte de santé ou de famille.

Riche, elle « reçoit » pour donner du plaisir aux autres. Mais elle sait choisir les distractions qu'elle offre.

Quant aux sports divers ils sont du ressort de la grande fortune aussi. Et nous savons beaucoup de femmes chics pour lesquelles ils n'ont aucun attrait. Elles les subissent si leur entourage l'exige, mais n'y prennent qu'une part distraite. Et quant à la chasse, elles s'y refusent absolument.

La femme chic fuit l'oisiveté.

Au siècle dernier, dans une classe bien intéressante de la société, celle des fonctionnaires, des magistrats, des officiers de notre armée, les femmes considéraient le travail comme une déchéance. Elles se laissaient vivre — fort mal, souvent, — attendant tout de la position de leur père ou de leur mari. Venaient-elles à le perdre, elles consumaient leur vie en sollicitations, vaines la plupart du temps, pour obtenir un bureau de tabac, l'idéal des familles qui avaient servi l'État. La sotte éducation que les pauvres femmes avaient reçue les rendait impuissantes à conjurer le mauvais sort. Pendant que le père ou le mari vivait, à quoi passaient-elles leurs journées? Elles brodaient languissamment, après avoir surveillé — avec dégoût, presque toujours — les détails du ménage. Alors, ces soins étaient réputés vulgaires, et elles déploraient amèrement d'être réduites à accorder leur attention au pot-au-feu. Elles s'imaginaient que cela manquait de chic. La broderie rejetée, elles se plongeaient dans la lecture d'un roman passionné. Puis elles allaient « dans le monde », au prix de quelles difficultés et de quels crève-cœur, Dieu le sait seul.

Toutes les femmes, sauf les ouvrières et les marchandes, vivaient alors de cette vie, aux différences près que pouvait y apporter l'aisance ou la richesse.

Il n'en est plus ainsi. Jusque dans l'aristocratie de fortune ou de naissance, comme dans la classe moyenne, les femmes, parmi celles qui sont chics, mettent leur honneur à se servir des facultés que la nature leur a départies, choisissant une étude quelconque avec l'idée d'en tirer parti pour elles ou pour les autres. N'est-il pas consolant de les voir cultiver sérieusement leur esprit, leurs dons naturels qui, autrefois, par snobisne, restaient improductifs, comme au temps où les chevaliers laissaient dédaigneusement aux clercs le savoir et l'instruction? Les filles du peuple peuvent aussi, par suite de lois généreuses, arriver à mettre en lumière les richesses de leur intelligence. Et le travail va élever la femme en la rendant indépendante. Elle aidera au progrès, elle ne le retardera plus par des craintes nées de l'ignorance et de la subjection.

Je ne veux pas parler de l'engouement qui conduit toutes les jeunes filles à obtenir ou à chercher à obtenir le brevet simple ou supérieur. Cet engouement diminue au reste d'intensité.

Pour quelques-unes auxquelles il sort, combien, dans la bourgeoisie riche ou aisée, par exemple, où cette mode faisait particulièrement rage, combien d'autres s'empressaient d'oublier les choses souvent indigestes et pour beaucoup d'entre elles fort inutiles dont on avait farci leur petite cervelle, comme un grand nombre se hâtent de délaisser la musique qu'on leur avait fait apprendre à grands frais, en entrant dans la maison de leur mari. A mes yeux le brevet ne signifia jamais rien... que pour celles à qui il est indispensable pour se procurer une situation. Une femme chic, qu'elle ait concouru avec succès ou concouru en vain, devient une personne utile et supérieure si, pourvue de l'instruction la plus élémentaire, elle continue à s'instruire elle-même par des lectures saines, par l'observation, par des conversations sérieuses, par une étude particulière poursuivie sans professeurs.

Ce n'est pas que je réprouve la haute culture intellectuelle. Mais si nous voulions toutes être bachelières ou licenciées, ce ne serait pas absolument pratique, et il faut absolument inciter les femmes à la vie pratique, tout en leur démontrant que la culture intellectuelle, non exclusive, est un appoint considérable dans le jeu de l'existence journalière, où l'étude et la réflexion ont leur place, pour l'ennoblir.

Dans sa jeunesse, dans ses jours heureux, que la femme se dirige, sans délaisser les autres et plus modestes travaux féminins, vers telle branche de l'art, de la science, de l'industrie qui répond à ses aptitudes. Devînt-elle ou restât-elle riche, elle ferait toujours œuvre utile, en employant ses facultés en ce sens, après avoir satisfait à ses autres devoirs, elle trouverait toujours sûrement l'emploi des connaissances acquises.

Il est arrivé à plus d'une de pouvoir réparer ainsi les brèches faites à la fortune paternelle ou maritale, par des événements malheureux. Celles-ci peignent, celles-ci écrivent, celles-ci cultivent les terres qui leur restent, font de l'aviculture ou de l'horticulture. Beaucoup se sont félicitées d'avoir appris à tailler leurs robes, à faire leurs chapeaux. De connaître, de pratiquer un métier n'empêche nullement de rester femme du monde... ou de le devenir, au contraire. Mais il faut être vaillante, énergique. Il faut s'être pliée au travail dans les jeunes années pour pouvoir faire ainsi courageusement face aux désastres.

Le travail n'exclut pas le charme féminin. Au contraire, les indolentes, les nonchalantes perdent vite toute attirance.

Le courage, l'oubli de soi-même, il n'est pas de plus délicieuse coquetterie : l'égoïsme et la mollesse étant des laideurs.

C'est pour cela que la femme qui travaille est chic.

Sa façon d'être.

La femme chic n'a aucune prétention.

Elle ignore qu'elle est exceptionnelle, et n'est exceptionnelle qu'à cette condition.

Une femme jolie, qui a grande conscience de sa beauté, perd de son attrait, parce qu'on sent qu'elle va abuser de ses avantages.

Une femme qui se croirait parfaite exigerait que tout le monde rendît hommage à sa perfection.

Une humilité sans bassesse est nécessaire aux plus hautes qualités pour se faire accepter ; mieux, il faut que celui qui les possède ne s'en croie pas doué, ou, au moins, qu'il ne les connaisse pas dans toute leur étendue.

La moitié du charme est perdue si on

prétend imposer aux autres des découvertes qu'ils veulent faire tout seuls chez nous. Voltaire a dit : « Il n'est rien de si fade qu'une héroïne qui nous rabat les oreilles de sa vertu ». C'est vrai pour tout. Il ne faut pas parler de sa fortune, prôner son bon goût, faire sentir qu'on est belle, bonne ou parfaitement chic. Les gens veulent voir cela avec leurs yeux, sans qu'on leur offre de lunettes.

C'est pour cette raison, peut-être, que beaucoup de gens sont avares d'éloges. Ils ne veulent pas être forcés de dire : C'est beau, c'est bien.

La femme chic veut plaire.

La femme chic a tout nécessairement le désir de plaire.

Elle sait que la moindre de nos actions,

la plus simple de nos paroles, si elles sont relevées, vivifiées par le désir de plaire, nous rendront agréables à tous.

Les âmes les plus élevées, les plus nobles esprits sont animés, comme les natures ordinaires, de ce bienfaisant désir. A ce prix seulement, ils peuvent faire le bien dont ils sont capables, remplir la mission providentielle qui leur a été confiée.

Soyez certains que le doux prophète de Galilée qui savait si bien persuader, entraîner, avait le désir de plaire aux hommes, de s'en faire aimer pour les sauver plus sûrement. N'a-t-il pas résumé, en une ligne de ses prédications, toute la règle de la vie sociale : « Aimez-vous les uns, les autres »? C'est-à-dire soyez indulgents les uns aux autres ; soyez aimables pour donner de la joie ; adoucissez la vie à votre prochain par votre bonté et votre grâce.

Si le désir de plaire était réciproque, également ressenti de part et d'autre, nous connaîtrions le paradis dès la terre. Les

hommes, unis par ce puissant lien, arrive-
raient à dompter la nature qui, trop souvent encore, leur fait subir sa puissance,
démontre leur faiblesse.

Savoir, connaissances sublimes ne nous
feront pas davantage aimer si nous n'y
joignons le désir de plaire, ce désir qui
incite les plus grandes intelligences à
s'incliner vers les esprits plus bornés ou
plus ingénus pour se mettre à leur portée.
Tandis que l'orgueil des savants éloigne
d'eux trop souvent les humbles, qui ne
sont pas éclairés, mais humiliés par une
science vaniteuse.

Et même, en répandant les bienfaits, si
l'on n'est dirigé que par le désir de satisfaire aux devoirs du riche envers le pauvre,
on ne pourra prétendre à la reconnaissance, ou on la rendra si lourde, si difficile à porter, que ceux qui recevront aide
et secours n'accepteront les services qu'on
leur rendra et le soulagement apporté à
leurs souffrances qu'avec une répugnance
marquée.

Pour qu'un acte soit véritablement charitable, il faut l'accomplir non pas seulement avec le désir d'obéir à sa conscience, mais encore avec la volonté de donner un peu de joie à celui qui en est déshérité. Alors on mêle de son cœur avec son or, et celui qui voit se pencher sur lui un visage doux et souriant, *qui veut lui plaire*, au lieu de la face indifférente de l'homme qui remplit froidement une obligation, ce malheureux, ce dénué, ce souffrant sent son cœur réchauffé par une gratitude qu'il lui est salutaire et facile d'éprouver.

La femme chic pratique une réserve gracieuse.

Elle est aimable avec tous les hommes de son monde, mais elle ne manifeste de préférence pour aucun, qu'elle soit jeune fille, mariée ou fiancée.

Elle n'est pas familière avec eux, c'est-à-dire qu'elle ne leur laisse prendre avec elle aucune liberté, aucune privauté. Elle n'a pas besoin pour cela de monter sur « ses grands chevaux d'Espagne », ni d'indiquer par des paroles qu'elle veut les tenir à distance. C'est son attitude, laquelle peut être la plus gracieuse du monde, qui maintient dans le respect ses amis masculins.

Elle n'emploie pas en parlant les périphrases et les circonlocutions des « Précieuses ridicules, » elle trouve que les Américaines ont tort de ne pas oser dire « une cuisse » de poulet, elle déteste la pruderie exagérée, hypocrite. Mais elle ne tombe pas dans le réalisme et le naturalisme. Il est des choses qu'une femme ne dit pas tout crument, et qu'elle ne doit pas laisser prononcer par un homme devant elle. Certaine liberté de langage est bannie par sa délicatesse : dans la conversation comme dans toutes les actions, elle veut qu'on respecte les bienséances. Elle prétend qu'il faut choisir et mesurer ses termes pour parler de certaines choses. Il est des mots qui, sans être même mal-sonnants ni malhonnêtes, ne sont pourtant pas à leur place sur les lèvres fémi-nines. On passe aux hommes cette *énergie*, la femme doit avoir une autre façon d'ex-primer les choses nécessaires.

Elle a aussi l'habitude excellente de ne jamais appeler une de ses connaissances masculines par son prénom. Pas même par son nom patronymique. Elle sait que si elle les traitait simplement d'*Abel* ou de *Durand*, ils l'appelleraient bientôt tout bonnement *Germaine* ou *Marguerite*. Et que cette habitude, signe d'une très mau-vaise éducation, leur ferait bientôt perdre tout respect à son égard. Je sais qu'à Vienne, en Autriche, dans le grand monde, on se désigne par le simple prénom sans manquer aux usages... autrichiens. Une dame s'écrie : « Je viens de rencontrer

Franz »... un monsieur qui n'est pas so.
parent, ni son ami d'enfance. Un gentilhomme dit : « Je sors de chez l'aline ».
Il s'agit d'une princesse de Metternich.
Singulières habitudes.

La femme chic se garde encore plus
d'affubler les gens de surnoms. Il est
malséant d'en donner à ses amis et connaissances, fût-ce de leur consentement.
Il y a des surnoms bêtes. Cette manie n'a
pas l'excuse de l'esprit.

Mais il en est dont on ne baptise pas
les gens en leur présence, « parlant à leur
personne », qui sont insolents, grossiers,
cruels. La femme chic ne veut pas faire
preuve d'une familiarité de mauvais goût...
ou d'une méchanceté fort répréhensible.
Elle désigne les gens par leur nom ou
leur qualité.

La femme chic, par réserve encore, ne
tient jamais en omnibus ou en wagon,
avec les amis qu'elle y rencontre, ces conversations bruyantes où les éclats de rire
et les éclats de voix attirent l'attention de

tous les voyageurs. A plus forte raison, dans la rue, dans un lieu public, partout d'ailleurs, évite-t-elle le haut ton, les gesticulations, les allures de petite folle.

La femme chic est très modeste.

La femme chic, loin de vouloir qu'on fasse attention à elle, se dérobe, veut passer inaperçue, en conséquence, elle n'aime pas à s'exhiber, à faire parler d'elle.

Modeste, elle préfère la pénombre au grand éclat. Pourtant, si sa situation l'oblige, elle paraîtra sur la scène du monde, elle y tiendra le rôle qu'elle est appelée à jouer, mais elle ne se laissera enivrer ni par le succès, ni par les hommages ; sans qu'on s'en doute même, elle se tiendra toujours un peu en dehors du cercle de lumière. Il n'y a pas l'ombre de cabotinage dans sa nature. Si elle a des talents, elle préfère les reserver pour l'intimité. Elle trouve qu'une femme du monde n'a pas besoin de se transformer en actrice, même dans un but charitable. Elle appelle les professionnelles généreuses ou qui ont besoin de gagner leur vie. Ne croyez pas qu'elle ait aucun mépris pour le métier d'actrice; ne sait-elle pas que celles qui l'embrassent ont ordinairement pour but de lui demander des moyens d'existence, et c'est là une raison péremptoire. La femme, du reste, se maintient pure et fière partout où elle veut, aussi bien au théâtre que dans la famille.

La femme chic s'efface volontiers par grâce timide, mais aussi par générosité, par urbanité, pour laisser briller les autres, pour qu'ils ne supposent pas qu'elle se croit supérieure à eux.

Elle ne fait pas parler de ses faits et gestes, de ses toilettes, de ses enfants, de sa maison, de ses fantaisies, de ses goûts, de ses points de vue... ni de ses faiblesses, ni de ses défauts. Elle préfère se tenir en arrière de l'auditoire sur le théâtre social, si rien ne la force d'être au premier rang — et quand même. Elle déteste la publicité. Ce qu'elle perd en notoriété, elle le regagne en paix, en sécurité. L'obscurité peut n'être pas séduisante aux yeux du grand nombre, elle n'est du moins jamais dangereuse.

La femme modeste n'envie ni ne méprise les succès des autres femmes, elle est dépourvue de toute ostentation pour son compte. Elle ne se vante pas, elle ne se décrie pas non plus, ce qui est encore une manière de faire parler de soi. Sa douce fierté est près de l'humilité, cette humilité est du *bon* orgueil. C'est sa grâce de fuir les tons éclatants en toutes choses, de s'en tenir aux nuances douces et fondues; de ne pas se croire créée et mise au monde pour briller et occuper l'attention. On lui dit parfois : « Il est nécessaire de prendre sa place. » Mais cette « place » qu'elle ne songe pas à prendre, on la lui donne si volontiers! Pourtant ses manières ont beaucoup d'aisance, justement parce qu'elle ne cherche jamais à se mettre en avant.

Cependant, si elle possède un talent de société, belle voix, don de « dire » ou tout autre, elle obtempère au désir de la maîtresse de maison chez laquelle elle se trouve, lorsque celle-ci lui demande de faire profiter les autres invités des avantages qu'elle tient de la nature ou de l'éducation. Refuser serait de la grossièreté, elle le comprend, et presque le contraire de la modestie. Elle s'exécute donc sans se faire prier, avec beaucoup de bonne grâce... Mais la maîtresse de maison, si elle connaît la répugnance de son invitée à occuper l'attention, fait mieux de ne pas la contraindre à se vaincre.

La meilleure preuve de sa modestie, encore, c'est qu'elle ne recherche en aucun lieu les premières places, les bonnes places. Jamais non plus elle n'affirme son droit avec des airs importants, et ne le réclame avec des expressions hautaines.

La femme chic et l'originalité.

La femme chic n'oublie pas que si « un homme » peut braver l'opinion, une femme doit s'y soumettre. Quand cette dépendance n'est pas poussée trop loin, elle lui est une grâce.

La femme chic évite donc de se singulariser. C'est pourquoi on n'a jamais à lui reprocher des allures extravagantes, des toilettes excentriques, un langage trop fantaisiste.

Elle ne veut en aucune façon heurter l'opinion. Elle sait que c'est une insolence d'étaler ses défauts, d'outrer ses travers, tandis qu'on doit tout faire pour s'en corriger.

Mais elle ne se laisse pas asservir par

les préjugés et, tous ces points étant observés, elle laisse transpercer son être propre. L'originalité, maintenue dans certaines limites, n'a rien en soi de blâmable au contraire. Elle dénote une dose de vaillance et la franchise du caractère. Elle peut s'affirmer hardiment.

Elle est intéressante. Lorsqu'on s'ingénie à paraître tous taillés sur le même patron, on atteint tout de suite la banalité... L'ennui naquit... vous savez le reste.

On peut bien, sans crime, faire, dans la mode, un choix qui indique un goût personnel, au lieu de se soumettre aveuglément à tous les caprices plus ou moins heureux de ceux qui décident ce que sera la toilette. Par exemple, si toutes les femmes placent un nœud à droite et que l'une d'elles trouve qu'il lui siéra mieux à gauche, elle peut faire preuve d'indépendance en suivant son instinct, car elle ne choquera pas le bon sens, loin de là.

Remarquez-vous que si un auteur a du

succès, chacun pousse des exclamations d'admiration lorsque son nom est prononcé, le plus souvent pour faire comme tout le monde, et alors qu'on a souvent bâillé devant l'œuvre de cet écrivain? Pourquoi ne serait-il pas permis d'avoir son véritable sentiment, de ne pas se forcer à prôner ce romancier, ce poète qui ne plaît pas. N'est-ce pas infiniment plus digne?

Mieux vaut avoir, en toutes choses, une opinion personnelle. On encourage ainsi beaucoup plus l'art qui ose, alors, se manifester sous des formes diverses. D'autre part il y a prétention à ne soutenir que les choses en dehors du goût général : le style décadent, la préciosité en peinture, l'obscurité en musique. Ce n'est plus de l'originalité, c'est vouloir faire croire à des lumières, à une compréhension qu'on ne possède pas.

On sait bien que ce n'est pas moi qui conseillerai de rompre en visière aux règles de la vie mondaine, mais je ne saurais qu'approuver ceux qui se mettent au-dessus de quelques décisions formulées par les snobs : corner sa carte à droite plutôt qu'à gauche (ce qui est indifférent); saluer *en plongeant* (tandis que le salut est parfait, s'il exprime, selon le cas, le respect ou la considération qu'on éprouve les uns pour les autres); secouer la main comme si l'*on pompait* (quand il suffit de donner à ce geste affectueux toute la cordialité ou, encore, le respect inspiré par la personne dont on serre la main).

Je pourrais multiplier ces exemples à l'infini, mais c'est assez pour faire comprendre quelle est l'originalité recommandée : l'absence complète de prétention, une aimable indépendance d'esprit, une franchise agréable, beaucoup de simplicité et de naturel.

Si ces petites réformes dans les manières d'être de nos contemporains étaient acceptées, si la libre manifestation des goûts de chacun était autorisée, la vie de chaque jour, délivrée du mot d'ordre, offrirait plus d'intérêt ; on éprouverait quelque plaisir à se rendre compte du caractère des gens, parce qu'on se trouverait en face d'une réalité et non d'une *pose;* les salons, moins encombrés, redeviendraient agréables à fréquenter.

Mais on est peut-être plus indulgent pour ceux qui commettent une faute que pour ceux qui ont l'audace de laisser transpercer une certaine originalité. On n'est pas tendre, en général, pour les individualités. Il faut marcher dans le rang. Et ce n'est peut-être pas par conviction qu'on est mouton de Panurge.

La femme chic est très femme.

La femme chic est très féminine et, pour cela, plaît à l'homme.

Elle n'est peut-être pas d'une grande

beauté, elle charme néanmoins. C'est qu'elle s'affine dans son être physique et dans son être moral, autant qu'il est possible à la nature humaine.

Rude, brusque, elle serait tout ce qu'il y a au monde de plus déplaisant. Dure, on la prendrait en grippe. Il faut qu'on la sente douce et tendre, cédant beaucoup, n'exigeant rien.

Si elle était violente, si elle avait des façons viriles, ce serait une virago, une anomalie, un être désagréable. Je ne lui conseille pas de chercher à obtenir des biceps d'hercule, on l'aime mieux d'apparence un peu délicate, — ce qui n'empêche pas de se bien porter.

Qu'elle veille sur la féminité de ses habitudes; qu'elle partage un peu moins les plaisirs, les sports masculins.

Il ne faut pas qu'elle chasse, elle doit avoir horreur des scènes de destruction.

Fumer lui fait perdre beaucoup de son élégance. On dira : « Mais les plus grandes dames de la terre, les reines fument. » Cet argument ne saurait convaincre : toutes ces Majestés ont tort. La personne entière de la femme doit exhaler un parfum de fleur, le tabac masque entièrement la senteur de la violette.

Ce n'est pas la seule raison de mon intolérance : la femme qui fume est bien près de renoncer à toutes les sujétions imposées à son sexe, souvent fort sagement, et qui ont, au moins, le grand mérite de préserver sa grâce de toute atteinte.

Son langage se ressentira avantageusement de cette retenue en toutes choses, de cette délicatesse charmante. Alors l'homme en sa présence deviendra lui-même plus raffiné, plus courtois, plus aimable.

Ce serait d'un patriotisme bien féminin de mettre cettegrâce tranquille dans toutes nos actions, dans toutes nos paroles, pour changer les allures masculines, pour rendre aux hommes de France ce renom d'urbanité, d'élégance et de délicatesse qui leur donnait tant de séduction.

La femme était reine dans la société, quand l'homme la révérait comme un être plus délicat que lui, comme une personne précieuse. Redevenons femmes, relevons le sceptre qui allait glisser de nos mains. Nous profiterons de ce pouvoir recouvré pour adoucir les cœurs et les mœurs, pour inspirer les lois justes et bonnes qui doivent conduire l'humanité au bonheur.

C'est grâce à nous que notre peuple s'est distingué de tous les autres par la politesse, qui est une des formes de la générosité. Mais si nous cessons d'être féminines, les hommes redeviendront grossiers et la grossièreté est une des formes de la cruauté.

Le moral a une influence énorme sur le physique. La femme chic paraît toujours jolie, du moins elle plaît toujours, parce que ses qualités de douceur, de sensibilité, de tendresse se reflètent dans ses yeux, sur son visage et influent grandement sur ses façons, ses gestes, ses attitudes. Elle a l'apparence physique qui attire et retient.

Un de ses grands charmes encore c'est de ne pas se poser en supérieure de l'homme, quelle que soit son intelligence et sa force morale, de ne pas fronder pour le plaisir d'être d'un avis différent, de ne pas donner, en politique, science ou art, ses lumières comme infaillibles. Cela n'implique pas qu'elle ne puisse avoir ses convictions, ses opinions personnelles ; elle ne les impose pas, voilà tout, et surtout elle ne les impose pas avec violence et entêtement.

La femme chic est gracieuse.

La femme chic cultive en elle le don très précieux de la grâce.

L'une d'elles disait :

On apprend à danser et, relativement,

on danse assez peu souvent. Mais on ne pense pas à régler sa marche, sa contenance, son geste. Et tout le jour on répète ces mouvements qui peuvent fort bien donner une idée de notre caractère et de notre éducation. En Amérique, on enseigne aux femmes à boire et à manger avec élégance : à contenir leur geste pour lui conserver la grâce; à marcher sans trop de hâte, — lorsque les circonstances ne l'exigent pas, — sans trop de lenteur, quand on n'y est pas contraint par la maladie.

Il n'est nullement besoin de suivre des cours pour acquérir cette science du mouvement. Une mère peut très bien obtenir de ses filles qu'elles ne courent ni ne se traînent en marchant, — dans les cas ordinaires. Elle leur dira — comme lord Chesterfield à son héritier — « qu'une certaine douceur de maintien et de gestes peut seule nous donner la grâce et l'aisance et nous rendre agréable. » Elle réprimera donc le trop de vivacité ou de brusquerie chez ses enfants. Elle ne souffrira pas

qu'ils prennent des airs arrogants, imper-
tinents, moqueurs ; par toutes leurs façons
d'être, elle les voudra bienveillants,
simples, modestes.

C'est par ces manières engageantes qu'on
plaît.

Il est très facile ensuite de développer
rapidement la sympathie qu'on inspire,
par les qualités plus solides qu'on peut
posséder.

Ne fût-on pas très bien doué physique-
ment, on trouvera partout un accueil aimable. Si l'on est beau par surcroît, ce
don naturel doublera de valeur, on sera
vraiment le filleul des fées. Je n'en veux
pour preuve que le succès extraordinaire
qu'obtint, auprès de toutes les classes
du dix-huitième siècle, *le charmant* vi-
comte de Létorières. Si sa beauté incontes-
table n'eût été rehaussée par les façons les
plus gracieuses et les plus polies, il n'eût
certainement pas recueilli une admiration
t une sympathie universelles.

C'est bien parce qu'elle ne peut exister

qu'au prix de qualités charmantes et bonnes que la grâce est un don hautement apprécié, qu'on la trouve encore plus belle que la beauté. En effet, toutes les passions mauvaises et tous les défauts bas seraient un empêchement à la grâce. L'orgueil et la vanité y font encore obstacle. Les gens qui se drapent dans leur orgueil, ceux que ronge une vanité insensée ne peuvent être que rogues et dédaigneux.

La grâce dépend donc beaucoup de l'humeur et du caractère, comme nous le verrons encore.

C'est pour cela que la femme chic, si elle n'a pas un sourire perpétuel sur les lèvres, comme c'est le cas pour quelques femmes qui gardent cette expression aux moments les plus émouvants, tant elle leur est devenue habituelle, n'a pas non plus un air si froid qu'elle glace ceux qui l'approchent, qu'elle leur donne un rhume, dit un écrivain humoristique, comme si l'on avait rencontré un iceberg.

Elle n'éclate pas davantage de rire aux

propos les plus ordinaires, elle ne termine pas toutes ses phrases par un ricanement ou une sorte de gloussement. Elle a trop de goût pour souligner ce qu'elle dit de clins d'œil.

Elle ne parle ni haut ni fort. Elle se mouche doucement, elle tousse avec discrétion. Elle évite en un mot d'être bruyante.

Elle ne se modèle sur aucun type. Elle réprouve l'imitation. Même quand c'est la mode, elle n'adopte pas le ton sec, l'air indifférent, les gestes raides, qui font croire qu'on manque d'amabilité et de sympathie. Elle n'a jamais le masque impassible, le cou inflexible, le buste sans ondulations, grâce à laquelle rigidité les femmes ordinaires essaient de faire croire qu'elles sont « distinguées. » En sa personne physique comme en sa pensée, tout est harmonie et douceur, toutes les inflexions de son corps sont gracieuses, son sourire n'est jamais forcé.

Elle ne se pique pas de serrer la main tantôt à l'Anglaise, tantôt à l'Autrichienne.

Elle connait la signification très élevée de la poignée de main, et c'est de ce symbole qu'elle s'inspire pour donner à ce témoignage de confiance et de sympathie humaine, toute la cordialité et la délicatesse qu'il réclame.

Elle n'a pas cette timidité sans charme qui fait fuir le regard et rend les mouvements embarrassés et gauches. Elle n'a non plus ni effronterie, ni aplomb, mais seulement de l'aisance, et cette aisance lui vient de l'idée qu'elle n'attire pas l'attention. Si elle se trouve avec des gens malveillants, elle ne se laisse pas démonter, même si elle est persuadée qu'ils la critiquent. Elle n'a cure de leurs jugements et cela fait sa force. Elle a seulement souci de l'opinion des braves gens.

La femme chic est naturelle.

La femme chic est très naturelle, mais elle ne croit pas que cela implique d'être vulgaire, sans gêne, grossière.

Elle est naturelle avec des manières exquises, plus naturelle que bien des personnes simples ou prétendues simples, qui manquent justement de naturel parce qu'elles accentuent trop leur simplicité. Il y a des *poses* de tous les genres.

Elle est naturelle parce qu'elle est *vraie*, parce qu'elle est elle-même, telle que la nature, l'éducation, les bonnes habitudes qu'elle a prises l'ont faite.

Elle n'affecte pas des sentiments qu'elle n'a pas, elle tâche seulement d'extirper les défauts, les travers qu'elle aurait pu apporter en naissant. Elle se détourne de tout ce qui est bas, elle va vers tout ce qui est généreux, délicat, noble et bon, et, alors, elle est égale à toutes les situations, parce qu'elle ne pense et n'agit que selon sa manière d'être habituelle.

Ce n'est pas du tout ce naturel — qui n'est d'ailleurs qu'une pose — qu'on reproche à un grand nombre de jeunes filles et de jeunes femmes, à savoir un aplomb, une assurance qui, selon elles, témoignent de l'absence de toute recherche. Justement l'aplomb, l'assurance ne sont pas naturels chez la femme. Ce qu'on aime en elle, c'est l'aisance dont je parlais tout à l'heure, qui naît du manque de prétentions et de la pratique journalière de l'élégance morale, qui n'exclut pas ce genre de timidité qui est réservé et retenue.

Elle laisse son visage exprimer les émotions qu'elle éprouve, à moins que, par fierté bien placée, par bonté, par charité, elle ne doive les renfermer. Mais elle n'apprend pas à « jouer de la prunelle. » C'est pourtant ce qu'on fait en quelques écoles de beauté d'Amérique. On y enseigne aux femmes à regarder à droite, à gauche, « selon les principes de l'art, » à « faire les yeux doux », à lever et à abaisser les paupières avec grâce, à se donner un regard éloquent ou songeur, triste ou riant, selon les circonstances... et les gens sur lesquels on veut faire impression.

Il y a aussi des cours pour acquérir ou se faire un front intellectuel, candide ou rêveur — selon les goûts et les occasions — un nez frémissant... « les narines qui *savent* palpiter » donnant beaucoup de vie à une physionomie. Il n'est pas jusqu'au menton qui ne doive exprimer quelque chose.

Voyez-vous les poupées, les comédiennes qui sortiront de ces écoles ? Qui voudra, après cela, croire à un regard attendri, à un sourire « enchanteur ? » Et vous représentez-vous bien la femme qui, dans les émouvantes situations de la vie, s'inquiète du plus ou moins de mobilité de son nez ?

Il serait bien plus facile aux écoles de beauté d'enseigner la vérité. Cette vérité, c'est qu'un visage sera toujours agréable, et même beau, expressif sahs étude, si on cultive son intelligence, si on développe en soi les sentiments de beauté et de bienveillance, si, ne se laissant pas absorber par le terre-à-terre de la vie (ce qui n'empêche pas d'être pratique aux heures voulues), on accueille volontiers les hautes et nobles pensées et qu'on y consacre quelques heures par jour, ce qui ne dérobe jamais rien, croyez-le, aux multiples devoirs qui nous sont imposés.

C'est l'âme qui donne l'impression au visage ; si l'âme ne vibre pas, on a beau avoir appris à manœuvrer son regard, on ne subjugue personne, du moins pour longtemps. L'émotion vraie peut seule revêtir un visage de beauté, l'émotion jouée ne peut produire qu'une grimace, toutes les écoles n'y feront rien.

Et, enfin, ces expressions affectées sont un mensonge.

La femme chic, célibataire,
d'un certain âge.

La femme chic, célibataire, n'est jamais ridicule, jamais « vieille fille », par la raison qu'arrivée à un certain âge, elle abandonne non pas les manières réservées, mais les façons ingénues qui plaisent chez les très jeunes filles et deviennent quelque peu ridicules lorsqu'on approche de la trentaine. A ce moment de la vie, qu'on soit célibataire ou en puissance de mari, on a acquis une certaine maturité d'esprit et de caractère, on a une connaissance de toutes choses, à moins que l'on ne soit une idiote, et il est tout à fait absurde et choquant de jouer à l'innocente de dix-huit ans.

Dans sa conversation, elle n'affecte pas une pruderie farouche, elle ne feint pas une ignorance absolue des choses de la nature et de la vie ; elle essaie de ne pas rougir à tout propos.

En un mot, elle se conduit comme une jeune femme aux sentiments délicats et honnêtes : elle ne provoque pas, elle n'encourage pas même certains sujets de causerie, mais si elle est forcée d'entendre des conversations qui, tout en ne choquant pas la morale, ne pourraient être tenues devant une fille de seize ans, elle n'exagérera pas le malaise qu'elle pourrait éprouver, elle ne fera pas preuve d'une pudibonderie beaucoup plus déplacée que l'impassibilité.

A trente ans, il faut renoncer, sans retour, aux mines de fillette. Ces mines ne rajeunissent pas, au contraire. Si on veut prendre une certaine place dans le monde, en dépit de la qualification de fille mûre, il faut savoir se donner l'apparence d'une jeune femme. On n'en est pas moins chaste et moins pure : voyez les religieuses donnant leurs soins à tous, dans les hôpitaux, dans les épidémies, elles ne font pas l'enfant, elles n'hésitent jamais ; y perdent-elles quelque chose de ce reflet que la vertu de renoncement met à leur front?

Une demoiselle de trente ans doit encore essayer d'orner son esprit afin de ne pas occuper une position trop effacée dans le monde. Je ne lui conseillerai pas de lire des œuvres immorales, pas plus que je ne l'admets d'une femme mariée, eût-elle atteint la soixantaine ; mais je lui dirai : « Faites donc des lectures intelligentes, abandonnez la bibliothèque rose, les fades romans écrits pour les petites filles.

« Elargissez le cercle de vos idées, lisez les grands romanciers honnêtes, leur œuvre contient beaucoup de philosophie sous une forme agréable; lisez les poètes illustres ; à votre âge, vous pouvez ouvrir Musset et Byron ; faites quelques incursions dans la science. Si vous occupez ainsi votre temps, il ne vous en restera pas pour cultiver les maniés tant reprochées aux vieilles filles.

« Veillez sur votre humeur, soyez agréable pour être entourée. Rendez-vous utile dans la mesure de vos moyens et tout le monde viendra à vous. Je ne vous empêche pas d'aimer un chat, un chien, un oiseau, l'amour des bêtes améliore l'homme ; mais ne sacrifiez pas votre semblable à un animal.

« Soyez coquette, c'est-à-dire soignez votre parure. Offrez à l'œil d'autrui un spectacle agréable. Ne vous éloignez pas systématiquement de la mode, mais plus que tout, évitez des ajustements enfantins. La toilette ne vieillit pas, à notre époque ; habillez-vous donc comme les jeunes femmes de votre âge. »

La femme chic est très affable.

La femme chic ne se borne pas à être scrupuleusement polie, elle est affable.

L'affabilité est la qualité française par excellence. Elle est aussi éloignée de la froideur et de l'indifférence que des démonstrations bruyantes, exubérantes, qui sont souvent purement superficielles.

Il ne faut pas craindre d'être aimable avec tout le monde; c'est grâce, bienveillance ou charité selon les gens auxquels on s'adresse. C'est suivre le précepte de l'Évangile, aimer son semblable et le lui témoigner, ne se trouvât-on en contact avec lui que pendant quelques instants.

Ne nous enfermons donc pas dans un

silence glacial, hautain, montrons-nous
réservés en toutes circonstances, mais à
l'occasion, sachons sourire, cela ne décide
pas du tout de notre destinée.

La femme chic est affable avec les gens
de son monde, comme on dit, et avec les
autres aussi. (Il n'est pas question ici des
préférences, des amitiés qui peuvent être
très ferventes et très particulières.) Mais
la situation sociale est fort peu de chose à
ses yeux. Elle traite les gens et les juge
selon leur caractère, selon leur cœur surtout, — et avant toute chose elle a le sentiment de la réelle fraternité.

A l'égard des personnes âgées, sa politesse s'accentue de respect et de sollici-
tude ; chez elle, ce n'est pas une question
de *formes*, c'est véritable sincérité ; comme
elle est vraie aussi quand elle sourit aux
gens de son âge et à ceux qui sont plus
jeunes qu'elle.

Elle ne croit pas compromettre sa dignité pour adresser la parole à une in-
connue, voire à un inconnu, si les circons-

tances commandent de leur parler; pour remercier d'un air gracieux l'homme qui lui cède sa place, en tramway ou en wagon; le commis de magasin qui l'a servie, qui a déployé des pièces d'étoffe pour lui permettre de faire son choix. Elle est également polie et affable avec sa couturière, sa modiste, tous les gens qu'elle emploie, qui lui rendent des services, même lorsqu'elle paie ces services. Elle remercie le facteur qui lui tend une lettre, l'employé qui lui vend un timbre-poste.

Dans la rue, elle est attentive à ne pas éborgner les passants avec son ombrelle ou son parapluie. Et si elle tient l'une ou l'autre fermé, elle prend garde aussi de ne pas les rendre encombrants en dirigeant leur manche de telle sorte qu'il puisse atteindre ceux qu'elle rencontre.

Cette femme polie ne se précipite pas en bateau, tramway ou wagon, en bousculant tout le monde dans une hâte fébrile ou pour chercher la meilleure place.

Sur un trottoir, elle ne marche pas

droit sur les gens, sans songer une mi-
nute à s'effacer pour laisser aux autres
l'espace nécessaire. C'est véritablement
de l'insolence que de méconnaître les
droits d'autrui.

Si elle sort avec un chien, elle le tient
en laisse afin qu'il ne puisse effrayer les
enfants ni les femmes peureuses. Si elle
rencontre des gens qu'elle connaît et
qu'avec eux elle s'arrête un instant pour
causer, elle veille à ne pas former une
masse qui gêne la circulation sur les trot-
toirs, dans un passage, à l'entrée d'une
porte.

C'est être vraiment femme que de
craindre d'être désobligeante à l'égard de
qui que ce soit. Et voilà la politesse véritable, non pas la politesse artificielle des
salons. C'est celle des hautes et nobles
natures, des gens chics, c'est l'affabilité
envers tous.

La femme chic cultive sa mémoire,
s'efforce de ne pas être distraite, par pure
politesse, par affabilité. Elle est sur ses

gardes, elle fait une grande dépense d'attention, pour se rappeler les circonstances de la vie des gens avec lesquels elle parle, pour ne pas confondre leurs tenants et aboutissants. Elle sait qu'une parole étourdie, un moment d'oubli peut blesser très gravement.

Il y a des femmes aimables, mais un peu étourdies, qui prennent les gens les uns pour les autres, qui mettent sur les visages des noms qui ne leur appartiennent pas, qui ne se souviennent plus si les personnes qu'elles ne voient pas chaque jour ont des enfants, sont veuves, célibataires, etc. Rien ne meurtrit autant certaines vanités.

Il faut donc exercer sa mémoire pour ne pas commettre ces erreurs déplorables, pour reconnaître tout de suite les gens dans les rencontres les plus fortuites, et se rappeler tout ce qui les concerne, pour ne pas se demander : « Mon Dieu ! comment s'appelle-t-il ? » « Sa mère vit-elle encore ? » « A-t-il des enfants ? » Dans

l'incertitude où l'on est, le visage a une expression embarrassée, peu aimable. Pour s'épargner ces minutes vraiment terribles, il est bon, dans une heure de tranquillité, de passer mentalement en revue toutes ses connaissances, de les faire apparaître devant son souvenir, avec tout ce qui se rapporte à elles.

La femme chic est toujours femme du monde.

La femme chic est une parfaite *femme du monde*, n'importe dans quelle situation vous la trouviez.

Très riche, tout au sommet de l'échelle, vous ne la verrez jamais prendre de grands airs, jauger les gens selon leurs habits, leur position, leur fortune, mais d'après leurs façons.

Elle n'essaie pas d'être autre qu'une femme bien élevée, c'est-à-dire une femme qui a de la considération pour autrui, et qui réalise la parole divine : Fais aux autres ce que tu voudrais qu'on te fît.

Elle ne vulgarise pas la vie en faisant bon marché du sentiment.

Elle s'abstient d'adresser des reproches aux personnes dont elle a à se plaindre ; elle sait que les reproches les plus mérités sont rarement acceptés, l'orgueil mettant son bandeau sur les yeux de celui qui les encourt, ou son entêtement lui faisant déclarer qu'ils sont injustes souverainement, ou qu'il n'en tiendra nul compte ; ou, encore, son égoïsme l'empêchant d'en faire son profit et de réparer sa faute.

Elle trouve donc plus simple et meilleur de se taire, mais elle se tient sur ses gardes.

Quant à elle, elle évite soigneusement d'être nuisible ou seulement désagréable aux autres.

Avec la plus grande franchise et la plus

noble dignité, elle sait tourner les obstacles, vaincre les mauvaises volontés,
sans les prendre pourtant de front. Elle
ne se cache pas, elle n'affecte pas des sentiments qu'elle n'a pas ou n'a plus, mais
elle oppose sa force faite de douceur aux
mauvais procédés, et il faut bien que la
victoire lui reste.

Quand elle est forcée de se détourner
des gens, c'est sans violence qu'elle rompt
avec eux, jamais brusquement parce que
cela est quelquefois cruel.

Ce n'est pas elle qui fait consister,
comme tant de gens, la conception du savoir-vivre dans l'observance à *son égard*
de toutes les règles du protocole. Les questions de préséance par l'âge ou le rang ne
la trouvent jamais intransigeante. N'ayant
pas de vanité, elle n'exige pas tous les
hommages, elle pardonne les oublis, les
inadvertances dont elle peut être l'objet.
Elle ne se croit offensée que si elle l'est
très gravement. Il n'est pas nécessaire de
lui rendre, comme à bien d'autres femmes,

plus qu'il ne lui est dû, pour la contenter un peu. Ce n'est pas à ce titre qu'elle accorde un brevet de politesse.

Les gens avec qui elle est en rapport n'ont donc pas à vivre en état de tension d'esprit perpétuelle.

C'est qu'elle a la véritable idée du savoir-vivre. *Savoir vivre*, c'est s'inquiéter, comme elle, beaucoup plus de ne pas blesser les autres ou même leur déplaire, que de penser aux manquements, aux erreurs qu'ils peuvent commettre. C'est remplir tous ses devoirs, petits et grands, envers son semblable, sans craindre de commencer le premier, sans se demander si on trouvera la réciprocité qu'on pourrait attendre. C'est avoir assez d'indulgence dans le cœur et de philosophie dans l'esprit pour se consoler de n'obtenir pas de retour suffisant.

Pratiquant le *réel* savoir-vivre, elle donne plus qu'elle ne reçoit. Au fond de son âme, il y a parfois un peu de désabusement ; elle n'en a que plus de mérite,

puisqu'elle dissimule poliment son désen-
chantement, et que sa bonté, son altruisme
n'en sont pas diminués.

Elle fait ainsi vivre autour d'elle dans
la paix, la douceur et l'amour.

Cela vaut mieux que de s'en tenir à la
lettre et à l'étiquette. Ce n'est pas qu'elle
en veuille à l'étiquette, elle la trouve nécessaire, je l'ai dit, mais elle la comprend
dans son esprit, ce qui l'a instruite à faire
avec grâce toutes les concessions compa-
tibles avec la dignité.

La femme chic saisit le moment opportun.

Une femme chic se garde bien d'être
importune. Si elle s'aperçoit qu'elle trouble
un tête-à-tête ou une réunion quelconque,

que sa présence pèse pour une cause ou pour une autre, elle n'attend pas qu'on le lui fasse sentir. Usant de tout le tact dont elle est douée, elle se retire à temps, — et on éprouve une sorte de regret de ne pouvoir la retenir.

Cette femme-là fait en sorte de connaître l'heure des repas des gens avec lesquels elle est en relations, pour ne jamais commettre la faute d'arriver chez eux au moment où l'on dîne. Mais si en dépit des précautions prises le cas se produit, par exemple si le dîner a été retardé ou avancé, et que l'ayant entendue on la force à entrer dans la salle à manger, elle s'excuse, exprime des regrets de déranger involontairement, ne fait pas mine de remarquer ce que l'on mange, s'esquive le plus vite possible en se rappelant qu'il « n'est rien rien de gênant pour l'appétit comme un témoin qui ne mange pas ».

Elle saisit un entr'acte pour s'éclipser, je veux dire qu'elle s'en va entre deux plats et très rapidement, pour ne pas retenir la personne qui la reconduit et dont le dîner refroidirait.

A moins qu'elle n'ait un motif très sérieux pour se faire pardonner cette importunité, elle ne fait jamais de visites dans la matinée, et surtout dans les maisons peu aisées où le nombre des serviteurs est restreint, encore moins dans celles où l'on ne trouve même pas une simple bonne. Elle comprend que les gens du logis, forcés de mettre la main à la pâte, ne peuvent avoir la tenue correcte, soignée qu'ils revêtent à d'autres heures et qu'il leur est désagréable aussi d'être vus dans l'accomplissement de certains travaux. En outre on les met en retard et c'est bien dans les maisons modestes que le proverbe anglais — le temps est de l'argent — a toute sa valeur.

Elle ne se présente jamais non plus qu'au jour choisi par ses connaissances, et n'arrive pas avant deux heures et demie à trois heures, pour être certaine de ne pas être importune. Si les personnes qu'elle fréquente n'ont pas de « jour », elle demande pourtant si elle peut faire indifféremment ses visites du dimanche au samedi, et à quelles heures elle peut venir sans déranger.

Il faut ménager la commodité des autres et leur temps, ce temps qui n'a jamais été aussi précieux. En disposer sans réflexion, sans scrupule, c'est presque commettre un vol. Si nous ne sommes pas forcés pour notre compte d'employer le temps au travail, usons-le comme nous pouvons sans aggraver notre faute d'oisiveté du tort de dérober le temps d'autrui, son seul bien parfois.

Dans un autre ordre d'idées, la femme chic tient encore à ne pas importuner en faisant preuve d'une mémoire inopportune. Elle sait qu'en bien des cas, il ne faut pas faire montre de se souvenir de ce qui nous a été dit. Souvent les gens qui nous ont fait des confidences ou des promesses souhaitent que nous les ayons oubliées. N'en reparlons pas, si eux-mêmes ne nous les rappellent pas.

La femme chic est exacte.

La femme chic pratique l'exactitude, pensant qu'elle n'est pas seulement la politesse des rois, mais celle de tout le monde.

Elle se dit aussi que l'exactitude épargne le temps — le nôtre, celui des autres, dont il faut craindre d'abuser. Elle n'a cure des moqueries de ceux qui la raillent de sa méthode et de son exactitude ; sans méthode, sans exactitude, l'harmonie est impossible, et elle veut avoir une vie harmonieuse pour son entourage aussi bien et plus que pour elle.

L'exactitude se définit pour elle à tenir toutes ses promesses, à remplir tous ses engagements, à accomplir tous ses devoirs

petits et grands, à faire les choses conve-
nues au temps fixé, à n'enfreindre aucune-
ment les règles qu'elle s'est imposées,
auxquelles elle s'est soumise.

Sa politesse est exacte et soigneuse. Elle
rend les visites qu'elle a reçues, répond
en temps voulu aux lettres qu'on lui écrit,
sachant bien qu'un retard peut causer un
tort quelconque à ses correspondants, ne
serait-ce que de les mettre dans un état
d'inquiétude ou d'impatience, d'énerve-
ment, d'anxiété. Elle ne néglige jamais de
féliciter les gens, de leur offrir ses condoléances ou de les remercier, selon les circonstances de la vie.

Elle est toujours prête à recevoir ses
invités à l'heure qu'elle leur a indiquée.
Elle a pris toutes ses dispositions et
jamais le dîner n'est retardé par sa faute.

Si c'est elle qui est l'invitée, elle arrive
à l'heure fixée, qu'il s'agisse d'une partie
ou d'un dîner. Elle ne voudrait pas gâter
le plaisir des autres en se faisant attendre.

Elle sait toujours l'heure qu'il est, et

n'ignore pas quel est le quantième du mois. Elle règle sa montre et, inscrivant ses dépenses, elle est forcée de connaître à quelle date du mois elle se trouve.

Elle ne voudrait pas être un fléau pour son entourage comme les femmes qui ne sont jamais prêtes pour les repas, les offices, les promenades, pour prendre le train, etc. Jamais elle ne se fait attendre inutilement par un visiteur qu'on a introduit au salon.

Encore bien moins se rendrait-elle coupable d'inexactitudes qui ont où peuvent avoir des conséquences très graves : si on ne satisfait pas un créancier, si on ne paie un fournisseur au temps voulu, on peut le ruiner ou précipiter sa ruine. Cette ruine pouvait être conjurée au moyen de la somme due, sur laquelle le créancier croyait pouvoir compter.

Mais il est des femmes qui forcent parfois le fournisseur à se présenter dix fois pour toucher le montant de la facture qu'il a envoyée. Je veux croire qu'elles ne réfléchissent pas qu'elles volent le temps de cet homme, ce temps si précieux dans les affaires, le commerce, l'industrie. Elles ne se disent pas qu'il y a de l'improbité à garder dans sa caisse l'argent qui *devrait* être dans la caisse d'un autre, qu'elles se servent de sommes ou font rapporter des sommes qui appartiennent non plus à elles, mais à celui qui leur a fourni les objets ou l'argent dont elles font usage.

Cette sorte d'inexactitude ferait rougir une femme chic, donc scrupuleuse.

Ne sacrifiant jamais la convenance ou les intérêts des autres à son caprice, la femme chic est exacte au rendez-vous d'affaires. Elle connaît la valeur d'un engagement pris avec une couturière, une modiste, pour un essayage ; elle épargne le temps de quiconque ; plaint les peines de tout le monde et ne force personne à l'attendre inutilement, à se présenter plusieurs fois pour la trouver.

Son cœur.

La bonté de la femme chic.

Elle est bonne avec amabilité et avec égalité. C'est le charme qui couronne tous ses autres dons. Placée dans certaines situations, elle a alors un pouvoir illimité. Si sa condition est humble, elle est toute-puissante dans son cercle restreint. Elle a reçu au berceau ou elle a acquis, par la volonté, l'inestimable faculté magnétique.

Une femme qui pratique la bonté en toutes occasions n'est pas sévère pour les autres. C'est toujours ceux qui ont le moins de choses à se reprocher qui sont indulgents. La femme de nos rêves tend plutôt la main à ceux qui sont tombés et elle a souvent le bonheur de les aider à se relever.

On peut donner beaucoup d'exemples des circonstances où s'exerce sa bonté. Rencontre-t-elle dans la rue un inconnu fagoté, ridicule ou disgracié, elle sait réprimer un second regard de curiosité (à plus forte raison le sourire involontaire) qu'elle aurait pu laisser tomber sur l'homme ou la femme que le manque de goût, la pauvreté ou le malheur expose à la moquerie des méchants. Voyant venir de loin des gens infirmes ou défigurés auxquels leur difformité imprime une sorte de gêne, elle fait exprès de jeter sur eux un regard rapide, indifférent, comme on en donne à tout passant, pour leur faire croire qu'il n'y a rien en eux qui excite ou retienne l'attention étonnée ou malveillante. C'est peu de chose, dira-t-on. C'est beaucoup puisqu'on n'a pas éveillé chez ceux qui souffrent déjà un sentiment de malaise, un désagréable retour sur eux-mêmes.

Dans les grands magasins où les innombrables commis sont encore insuffisants pour l'armée prodigieuse des acheteuses, elle ne se rend jamais coupable de la froide impertinence de beaucoup de femmes. Elle ne fait pas déplier dix, vingt pièces d'étoffe, sans réfléchir à la fatigue de l'homme chargé de « s'occuper d'elle », et ne se lève pas du siège qui lui a été avancé poliment sans un mot d'excuse ou de regret, avec cette petite phrase toute sèche : « Cela ne me convient pas. » Non, elle n'a pas fait remuer tous les tissus, et cependant, sans s'écorcher les lèvres, elle dit : « Je suis fâchée de vous avoir donné tant de peine, mais je ne trouve pas ce qu'il me fallait. » Elle sait qu'on a le devoir de se faire pardonner le dérangement que l'on a occasionné, qu'il faut au moins remercier, faire comprendre qu'on aurait bien voulu pouvoir imposer cet embarras et ce travail, sans résultat.

Avant d'entrer dans un magasin, elle

est à peu près fixée sur l'objet qu'elle y vient acheter. Si c'est une robe, elle en a déterminé la couleur, le tissu, le prix. Son choix devient ainsi plus aisé, et il est plus facile au commis de la satisfaire. Une étoffe plus avantageuse, une nuance plus jolie peut la faire changer d'avis, mais alors elle ne manque pas de dire : « Je regrette de n'avoir pas pensé à ceci plus tôt, j'aurais épargné votre temps et vos peines. » Aussi le commis s'empresse auprès de cette femme bienveillante, oubliant l'ennui du métier, désireux de la voir partir contente de son achat... et de lui. La bonté réussit où échouent les gens grincheux et désobligeants.

Quand une femme est bonne, elle plaint les peines de tous : d'un enfant, d'un ouvrier, d'un serviteur. Elle ne demande que le nécessaire de soins, d'obligeance, de travail.

Vous ne la verrez pas passer tout le jour indifférente et silencieuse auprès de ses domestiques. Elle ne tombe pas dans une familiarité qui détruirait son autorité, elle ne cause pas longuement avec ses serviteurs, ce qui leur ferait perdre leur temps et gaspillerait le sien, mais elle ne se croit nullement déshonorée pour leur dire de temps en temps un mot qui leur prouve qu'elle les considère comme des êtres de chair et d'os et non comme des automates ou des brutes.

Elle suit le précepte de la reine de Roumanie (en littérature Carmen Sylva): Une vraie grande dame parle à ses domestiques avec autant de politesse et du même ton qu'à ses hôtes.

Elle se montre touchée des preuves même infimes de dévouement et sait en remercier. Elle témoigne de l'intérêt à ceux qui la servent et personne ne cimente mieux qu'elle l'affection et le respect de ceux qui vivent sous son autorité.

Dans ses rapports de voisinage, elle met de son côté les bons procédés et les façons courtoises. Elle ne manifeste pas de méfiance, pas de craintes qu'on touche à ses droits. Si l'attaque vient, il sera temps de la repousser. Mais ces sentiments de douceur et de sympathie n'impliquent pas qu'elle se laisse aller à une intimité trop rapide et trop étroite. Elle a un trop bon jugement pour cela, elle veut attendre l'épreuve du temps. Et elle fait bien de s'en tenir, d'abord, aux termes d'obligeance aimable et souriante. Si l'amitié vient à la suite de la connaissance respective des natures, elle l'accueille avec joie.

Elle est trop bonne pour trouver le moindre intérêt à relever les fautes des gens, à en parler. Elle se garde du plaisir de trouver la paille dans l'œil de son semblable. Elle aime bien mieux découvrir les qualités et les vertus, ces recherches plaisent mieux à sa nature élevée. Elle trouve qu'il est aussi facile, qu'il est plus agréable de louer que de censurer. Elle sait donner l'éloge mérité, ayant compris que beaucoup de dons, beaucoup de talents ont besoin d'une louange pour grandir : que si tel enfant qui faisait beaucoup de

promesses n'a pas eu une maturité corres-
pondante, c'est qu'homme il avait été glacé
par la complète indifférence ou la mécon-
naissance de sa nature. Elle loue donc
quand il le faut. Elle blâme aussi peu que
possible et, alors, c'est avec douceur et
modération.

Partout où il lui est possible, elle
établit la sympathie, elle rétablit le bon
accord. Pour cela, elle tait tout ce qu'elle
sait de désobligeant de l'un envers l'autre,
mais elle répète avec plaisir tout ce qui
peut rapprocher les gens les uns des
autres. Sa politesse ne consiste pas dans
les cérémonies de salon, il est presque
inutile de le dire, c'est une des expressions de sa bonté ; aussi, ayant cultivé en
elle l'une des plus précieuses qualités de
son sexe, la douceur, ayant dépouillé
toute âpreté, est-elle la femme la mieux
élevée qui existe, vraie grande dame née.

Si elle a un reproche, une objection,
même une simple observation à faire par
écrit, elle suit le précepte de Pythagore :

« N'écrivez que sur des feuilles de mauve. »
(La mauve est le symbole de la douceur.)
Et, en effet, reproche, objection, observation peuvent être corrigés, atténués par le son de la voix, le regard, l'expression du visage. Écrits, ils paraîtront plus durs, dépouillés qu'ils sont de l'accompagnement dont bénéficie la parole directe.

Elle sait surmonter ses antipathies, se disant qu'elles sont souvent injustes. Dans tous les cas, sans aucune hypocrisie, par bonté charitable, elle reçoit ceux qui ne lui plaisent pas avec un bon sourire, afin qu'ils se croient bien venus, qu'ils n'aient pas le crève-cœur de sentir qu'on les accueille à regret. En essayant, par pure bonté, de laisser supposer aux gens qu'elle les aime, elle a chassé de son esprit toute mauvaise impression, elle est devenue sincère.

Elle ne saurait voir avec indifférence les goûts des autres sacrifiés à un caprice qu'elle aurait. Elle porte souvent un lourd fardeau personnel, elle est souvent encore chargée de celui des autres, mais elle ne veut, elle, en accabler personne. Elle *aime* son semblable, elle s'oublie, se sacrifie quand il le faut.

C'est un brave cœur, et cette absence complète d'égoïsme lui constitue la plus enviable des élégances, le chic suprême.

La femme chic, dans les plus petites occasions, pratique la grandeur d'âme.

Elle est exacte à remplir tous ses devoirs, les petits comme les grands, mais elle n'exige pas d'autrui la même exactitude. Elle est aimable, indulgente, bienveillante, encore qu'elle sache qu'elle n'a à attendre ni autant de bienveillance, ni même indulgence, ni égale amabilité. De bonne heure elle s'est habituée à cette idée qu'il ne faut pas demander aux autres de nous rendre ce que nous leur donnons. Et si elle rencontre l'égoïsme humain, elle n'éprouve ni surprise, ni rancune.

Elle n'agit jamais en vue de s'attacher ceux qu'elle oblige. Si elle a affaire à des ingrats, elle ne s'indigne pas, puisqu'elle n'a rien espéré.

Schiller a dit : « Avant de te demander si l'on t'aime, vois à quoi tu sers, à quoi tu es utile. « J'ajouterai : Après avoir vu que tu sers à quelque chose, que tu es utile à quelqu'un, ne demande pourtant, n'espère, n'attends rien. Réjouis-toi si on t'accorde un peu d'affection et de gratitude, mais si on te refuse amour et reconnaissance, contente-toi de la haute satisfaction d'avoir bien agi.

Qui attend peu de la vie et des hommes s'épargne beaucoup de déceptions. L'artiste, par exemple, devrait cultiver l'art par amour du beau plus qu'en vue de la renommée et de ce qu'elle rapporte. Ainsi

il se procurerait des jouissances profondes
et jamais traversées. Mais il faut réussir,
pour vivre souvent. Si on alliait au culte
de la beauté une grande simplicité de vie,
il ne serait pas nécessaire de poursuivre le
succès par des routes souvent pénibles à
la dignité, par des sacrifices qui amoin-
drissent.

Les gens chics ne pleurent pas non plus
amèrement en constatant la désaffection,
l'ingratitude de ceux pour lesquels ils se
sont dévoués, qu'ils ont comblés de bienfaits. Ils ne se condamnent pas, après
cette rude épreuve, à la dureté, à l'égoïsme.
Ils restent altruistes, envers et contre tout.
Cet altruisme donne toujours naissance à
la distinction naturelle, parce qu'il tue,
en ceux qui le pratiquent, les instincts
égoïstes, c'est-à-dire grossiers, auxquels
il ne faut jamais laisser libre cours en
soi, si l'on veut mériter le brevet de chic.

La femme chic sait se montrer reconnaissante.

Un défaut grave et que le savoir-vivre condamne, c'est le manque de gratitude dans les petites comme dans les grandes occasions.

Les esprits étroits, vulgaires, croient être dégagés de toute obligation envers ceux dont ils ont reçu un bon procédé, un présent, une amabilité quelconque, en paraissant ne remarquer ni le bon procédé, ni l'amabilité, en semblant n'attacher que peu d'importance au présent. Au fond ils sont enchantés, mais ils se gardent de le laisser voir, dans la crainte d'être tenus à la réciprocité.

Cette finasserie des esprits bornés et des

cœurs égoïstes leur nuit extrêmement; on se dégoûte de leur être agréable, à moins d'être bien au-dessus des petites ingratitudes humaines, mais encore ne peut-on se défendre d'être bon avec une sorte de dédain, tant il est vrai qu'il y a toujours un peu d'alliage dans le plus noble cœur : les hommes ne seront absolument bons et grands que lorsqu'ils s'aimeront *les uns les autres*, qu'ils se secourront *les uns les autres*, qu'ils seront agréables *les uns aux autres*; en un mot, il doit y avoir *mutualité* dans les sentiments et les actions.

La finesse mondaine ou une générosité naturelle donne de tout autres accents à un homme que l'on a obligé ou à qui on a voulu procurer un plaisir. Il met une certaine effusion dans ses remerciements, même lorsqu'on s'est trompé dans le choix du plaisir ou du présent, même lorsqu'on a été contre ses intérêts en croyant l'obliger. Il ne voit que l'intention dans tout procédé. Dans le premier cas, pour ne pas décourager les bonnes dispositions des autres à son égard ; dans le second par reconnaissance véritable du bon sentiment qui a dicté lui-même l'action même maladroite.

La femme chic, vous vous y attendez bien, se montre reconnaissante des plus légères attentions. Elle sait remercier, témoigner que les amabilités dont elle est l'objet lui sont agréables, qu'elle ne les juge pas insignifiantes, qu'aucune ne passe inaperçue à ses yeux.

L'amitié d'une femme chic.

L'amitié sincère est l'un des plus beaux sentiments de la nature humaine. C'est aussi le plus rare.

Un auteur anglais nous avertit de choisir nos amis avec soin. C'est, dit-il, un acte

qui doit se faire avec toute la gravité nécessaire, en pesant bien le pour et le contre.

Il ne faut pas se laisser entraîner sans
réfléchir, sans connaître un peu ceux à qui
on désire donner son amitié, ceux de qui
l'on désire être aimé.

C'est qu'une amitié recherchée ou librement acceptée impose des devoirs que les
gens de cœur ne sauraient négliger, ni
méconnaître.

L'amitié véritable comporte le dévouement et la fidélité. Il faut donc bien savoir
à quoi l'on s'engage : si l'on pourra tenir
les promesses tacites que l'on fait en donnant ou en se laissant donner le nom
d'ami, si la personne que nous allons
aimer ou qui veut nous aimer est digne
d'entrer dans notre cœur pour toujours, ou
si elle ne mérite que la bienveillance que
nous accordons à tous.

L'amitié réclame une confiance entière,
et des soins pour ne pas s'éteindre. Il faut
songer au proverbe indien : « Ne laissez
pas pousser l'herbe sur le chemin de

l'amitié », et se dire que notre ami a le droit de lire dans notre cœur et dans notre vie.

L'amitié vit de réciprocité : ne demandons pas une tendresse que nous ne soyons prêts à rendre — avec usure si notre nature est généreuse. Sachons sacrifier à nos amis nos goûts, la portion de temps dont il nous est permis de disposer. Je ne dis pas nos devoirs plus immédiats, car l'ami qui demanderait que nous les oubliions pour lui ne mériterait pas notre amitié.

Alors, il est bien probable que nous ne connaîtrons pas la profonde douleur des amitiés brisées. En premier lieu, nous aurons suivi cette ligne de conduite donnée par toutes les religions et les philosophies : Ne faites pas l'abandon total de vous-même aux êtres de ce monde.

Le savoir-vivre s'est inspiré de ce conseil ; sous forme de précepte d'élégance, il prescrit de ne pas se livrer trop vite et trop complètement — sous peine de mauvais goùt — dans les rapports qu'on a avec ses semblables, dans les salons.

Mais je crois que beaucoup de peines et de souffrances sont dues à l'association irréfléchie des âmes profondes avec les âmes superficielles; aussi, c'est la faute des premières, qui ont en elles tout ce qu'il faut pour étudier, examiner, peser, avant de céder à l'attrait.

Les relations se forment : d'une part elles sont toutes de surface, on n'y cherche qu'un agrément passager ou l'intérêt d'un instant; de l'autre, on croit que c'est arrivé, on laisse s'infiltrer en soi un sentiment qui devient durable, qu'on veut durable, au reste. Il y a des hommes qui rêvent, en tout, la permanence, l'éternité. Et ils sont en face de gens qui ne veulent des choses et des êtres qu'un moment de plaisir, le sourire fugitif, la fleur.

De là des malentendus graves, non seulement dans la vie sociale, mais aussi dans la vie mondaine — où ces chagrins sont ressentis, quoi qu'on en dise. Les amitiés s'y nouent, à la légère, c'est trop vrai ; alors, dans le cas que nous avons dit, lorsquelles viennent à se dénouer, il reste, d'un côté, des cœurs meurtris qui n'admettent ni l'instabilité, ni l'inconstance ; de l'autre des gens qui s'étonnent qu'on ne soit pas convaincu, avec eux, que « tout passe, tout lasse, tout casse ».

Ces derniers n'appartiennent pas à la catégorie des caractères sûrs sans doute. Ils ignorent que le devoir est dans tout. Rechercher ou accepter une affection crée des obligations sérieuses, nous l'avons dit.

Ils n'ont pas davantage reçu une éducation parfaite. Le savoir-vivre n'enseigne pas seulement à saluer avec grâce ; il ordonne la fidélité aux amitiés librement consenties et défend de faire à autrui toute blessure, légère ou profonde.

Je ne demanderais toutefois, aux gens superficiels, que de ne pas tromper les âmes candides sur leurs sentiments. Mon affection est à bail, devraient-ils dire ou faire entendre : trois, six, neuf... à mon

choix. On saurait alors à quoi s'en tenir; on
ne bâtirait pas sur ces sables mouvants ;
soi-même, on ne s'attendrait qu'à cueillir
la fleur.

Voilà ce qui explique la froideur apparente, la circonspection de certaines natures, pourtant très primesautières, pourtant très tendres au début de la vie. Elles
ont subi des déceptions, elles ont connu
des souffrances qui les ont mises en garde.
Elles ont juré de ne plus laisser leur
cœur dominer leur raison.

Qui pourrait les blâmer, si elles n'ont
pas renoncé à faire le bien autour d'elles,
si leur sourire reste accueillant, qui pourrait les blâmer de ne plus livrer les clefs
de leur cœur à quiconque, si charmant
qu'il soit? Les âmes ingénues, aimantes,
pourront être glacées un peu à leur contact
rigide, mais elles ne connaîtront pas, du
moins, cette douleur profonde d'être déçu
dans sa croyance.

Cette douleur est plus cruelle encore
quand l'ami sur lequel on comptait comme

sur soi-même se retire, érige sa manière
d'être en froideur, au premier coup du
malheur qui nous atteint. On fait bien
péniblement parfois l'application du proverbe : C'est dans l'adversité qu'on connaît ses amis. — En ces circonstances, la
femme chic, elle, *reste* l'amie fervente.

La femme chic et la douleur.

Si elle vient à éprouver une grande douleur, elle ne s'y abandonne pas éperdu-
ment.

Quand un chagrin bouleverse l'existence, il n'y a rien de tel pour y trouver
un peu remède que de continuer la vie.
C'est-à-dire d'accomplir — comme si de
rien n'était — tous ses devoirs envers soi-
même, sa famille, ses amis, la société.

S'enfermer dans sa douleur est parfois de l'égoïsme; il y a des gens qui trouvent dans la souffrance une certaine volupté, aiment à la savourer, et n'apprécient pas du tout les accalmies qui surviennent au milieu de la plus violente peine morale, comme au cours du plus terrible mal physique.

Mais alors on côtoie l'idée fixe, et la raison peut sombrer dans la contemplation du malheur dont on a été frappé.

Je ne demande pas qu'on cherche des distractions dans les plaisirs, mais seulement qu'on ne s'anéantisse pas dans son affliction, qu'on ne s'abandonne pas soi-même. Tout l'intérêt qu'on avait dans la vie peut avoir disparu, la sensation de vide qu'on éprouve peut sembler insurmontable, il faut avoir le courage de réagir, ne négliger ni sa santé, ni sa personne; ne repousser aucune des obligations que tout être humain contracte, en naissant, envers ses semblables; enfin chercher un dérivatif à la tristesse morne ou impétueuse qui nous étreint.

Peu à peu l'apaisement survient chez les uns ; chez les autres, on constate un rattachement à quelque chose ou à quelque être. Une grande mélancolie peut rester au fond de l'âme, mais on s'est résigné, on a accepté; c'est un grand pas de fait. Dans ces conditions, l'oubli peut venir ou une consolation surgir et elle ne sera pas repoussée.

Le travail a rasséréné bien des gens désespérés. Alors même qu'on n'est pas forcé d'y avoir recours pour gagner son pain, il faut s'y livrer et l'aimer. C'est un refuge qu'il est bon de se préparer pour les jours de douleur ou de tristesse; il est donc indispensable de s'accoutumer à occuper son esprit ou ses bras et, mieux encore, les uns et l'autre, afin de laisser le moins de place possible à ces chagrins envahissants qui peuvent détruire l'intelligence et le jugement.

On ne saurait trop répéter que le travail est non pas une malédiction, mais une bénédiction ; car il a pu élever l'homme au-dessus de l'animal et, je le redis, c'est le sauveur dans les détresses morales.

La femme chic a l'âme religieuse.

Elle ne se permet jamais de plaisanteries sur les sujets religieux, elle respecte, en ces matières, les convictions sincères.

Mais elle n'est jamais non plus une fanatique ni une sectaire. Elle n'excommunie personne de ceux qui ne croient pas comme elle.

Elle est à cet égard — comme à tous les autres — dans ces conditions de douceur et de tolérance imposées à l'humanité par la doctrine de Jésus.

Dans le plus noble sens du mot, le plus vrai, c'est une chrétienne.

Mais aussi, peut-être ne pratique-t-elle pas. Peut-être ne suit-elle pas sa religion, n'en a-t-elle pas eu les principes, ou les a-t-elle rejetés. La pratique d'une religion aussi bien que son choix est affaire de conscience, une âme seule y est intéressée, on n'a pas le droit de la juger.

Du moins, la femme chic respecte-t-elle les croyances d'autrui quelles qu'elles soient ; je veux dire qu'autrui soit juif, chrétien, musulman ou bouddhiste. Jamais elle n'a une parole railleuse pour les rites, pour les ministres des diverses religions. Elle pense qu'en présence de dévots de tel ou tel culte, c'est une charité de s'abstenir de moqueries blessantes sur les pratiques de ce culte, pour ne pas les froisser dans leurs sentiments ou les troubler dans leur foi (ce qui est souvent inutile et cruel). Ce serait critiquer leurs habitudes d'âme, et rien n'est aussi sot ni aussi malséant que de se poser en censeur des gens avec lesquels la vie nous met en rapport, ou le hasard seulement, pour quelques instants parfois.

Tout autre est, du reste, l'appréciation qu'il faudrait porter sur *l'apôtre,* désintéressé et sincère, qui combattrait une erreur, et qui n'emploierait que des armes de douceur. Mais l'apostolat ne convient pas aux femmes, pour mille raisons.

Quand les devoirs sociaux amènent la femme chic dans un temple, elle y garde, quoi qu'elle pense, une attitude très convenable, je dirai même révérencieuse.

Il n'y a là nulle hypocrisie, étant donné le motif qui inspire cette attitude. Il faut même s'astreindre à toutes les règles édictées par le rite, c'est-à-dire se lever, s'agenouiller, se soumettre aux mouvements prescrits et qu'on voit accomplir par les véritables fidèles, sauf pourtant ceux qui seraient en opposition avec la croyance même perdue, même abandonnée.

Il en coûte peu d'agir ainsi, et on évite d'irriter des sentiments qu'on doit comprendre, encore qu'on ne les partage pas.

Pour ma part, je connais des libres-penseurs qui se tiennent mieux dans un temple que certains fidèles, auxquels ils donnent ainsi une leçon de savoir-vivre et de compréhension de l'idéal, même quand cet idéal n'est pas le leur.

Qu'on me permette d'ajouter que, presque toujours, les femmes qui ne pratiquent pas sont, au fond, *libres-croyantes* et qu'il y a beaucoup d'âmes religieuses parmi elles. Nul n'a le droit de leur reprocher leur indifférence, bien souvent apparente, et d'arguer qu'elles manquent de savoir-vivre parce qu'elles ont entendu la voix de leur conscience, et quand on penserait qu'elles ont des convictions erronées.

Elles n'enfreindraient les bienséances que le jour où elles entreprendraient de détruire une croyance chez les autres, ou, seulement, de ridiculiser dans leurs discours cette croyance et ces croyants. Et encore si, appelées dans une église, un temple, une synagogue ou une mosquée, ou un sanctuaire bouddhiste, etc., elles y avaient une allure inconvenante ou, simplement, incorrecte.

Au fond de son âme, la femme chic adore le divin, qui a plus d'une forme. Et les plus grossiers des hommes l'aiment ainsi, préfèrent qu'elle ait une aspiration même vague, même non définie, vers l'au-delà. La femme impie est à leurs yeux une anomalie. Il est peu de gens qui ignorent aujourd'hui que toutes les religions, en leur ésotérisme, ont même fond, partent du même principe, qui est grand, respectable, alors même qu'on ne le reconnaîtrait pas divin, parce qu'il témoigne alors de la noblesse de l'âme humaine qui l'aurait conçu. La femme chic veut conserver dans les sociétés vieillies le besoin d'un idéal, qu'il serait dangereux d'extirper du cœur humain.

Elle ne dit jamais : c'est un rêve ou une utopie. Elle sait que la tendance vers le bien, le beau, le meilleur est toujours utile, conduit au progrès, et qu'elle est excellente pour l'âme de l'homme.

La femme chic est sincère.

La femme chic est sincère, très droite, très loyale, mais elle réprouve la franchise brutale.

La franchise et la sincérité ne sont pas une seule et même qualité, des nuances les différencient l'une de l'autre, et l'on pourrait dire qu'il suffit d'être sincère.

Une personne sincère ne dit jamais que la vérité, mais elle sait se taire lorsqu'il est inutile de parler, c'est-à-dire lorsque la vérité peut désobliger autrui ou lui être fâcheuse, et s'il n'y a pas une nécessité plus haute que la crainte de blesser qui oblige à laisser échapper cette vérité. Une personne franche, au contraire, a beaucoup de peine souvent à retenir l'expression de sa pensée, quelque pénible, dangereuse ou inutile qu'elle puisse être pour son semblable.

La sincérité est réfléchie, calme, souriante, la franchise est impulsive, toute de premier mouvement, emportée ou hérissée selon l'humeur. La sincérité sait tenir cachés les secrets qu'on lui a confiés ; la franchise, parfois compromettante, ne peut pas toujours les garder.

La sincérité est très rarement désagréable, la franchise est parfois trop dure.

C'est que la franchise est surtout une qualité du caractère. Elle en indique le plus souvent la noblesse, je me hâte de le dire, pour qu'on ne suppose pas que je la condamne entièrement, et qu'on ne croie pas que j'en méconnaisse la beauté, en certaines circonstances. Mais souvent aussi elle ne témoigne que de l'orgueil ou de l'indépendance de la nature, ou encore de sa naïveté. La sincérité est une qualité du cœur dont elle fait connaître la fierté, fierté adoucie par la bonté, la maturité de l'esprit, l'empire sur soi-même.

La femme chic ne pense pas qu'il lui soit toujours permis de faire des leçons aux autres, comme la franchise s'y autorise volontiers. A moins qu'on ne lui demande son opinion, elle ne croit pas être obligée de la donner, si une impérieuse et généreuse raison ne l'y engage. La tempétueuse franchise n'attend pas qu'on l'interroge ni que la nécessité la mette en demeure de parler.

Les gens sincères savent que toutes les vérités ne sont pas bonnes à dire, qu'il faut, pour les faire entendre, que le silence n'ait pas de conséquences fâcheuses ou dangereuses pour soi ou pour les autres. Mais ils ne s'abaissent jamais aux basses flatteries.

L'éloge mérité leur est parfois plus facile à donner qu'aux personnes franches. Il arrive à celles-ci d'être avares de louanges. Mais où elles critiquent, sans espoir d'améliorer, quand il s'agit, par exemple, d'un défaut physique non corrigible, ceux qui sont seulement sincères se gardent de prononcer des censures blessantes, qui ne peuvent obtenir un changement.

Comment voulez-vous qu'on aime les gens qui, se vantant d'être francs, ne refoulent pas la parole offensante qui leur monte aux lèvres, qui ne craignent pas de froisser, de meurtrir les cœurs?

Il faut réprouver cette franchise brutale et cultiver en soi la sincérité qui s'accompagne de douceur. Il faut dire aux autres tout ce qui peut leur être agréable sans flatter sottement, et retenir tout ce qui les peinerait inutilement.

Il est bon de savoir ce que l'on veut dire, ne pas s'exprimer à tort et à travers en jetant dans la conversation tout ce que l'on pense. Il n'y a nulle hypocrisie à faire un choix parmi toutes les pensées qui nous viennent à l'esprit. Parler sincèrement c'est ne pas mentir, ne pas exprimer des sentiments que le cœur n'éprouve pas, mais

taire tout ce qui pourrait affliger son semblable ou lui nuire : ce n'est pas fausseté,
c'est bonté.

Aussi la sincérité est-elle une vertu très
sympathique. Et sent-on bien que si une
personne sincère est amenée à donner un
conseil, c'est dans toute la droiture de son
esprit doux et modéré, et que cette droiture l'inspire bien.

La femme chic connaît le bonheur.

La femme chic est heureuse souvent.
C'est parce qu'elle recherche bien plutôt
la sympathie que l'admiration. Elle sait
qu'il est difficile de se faire admirer, mais
qu'il est très doux d'être aimé.

Si nous aspirons à nous *imposer* à l'admiration de nos semblables, même par des
dons très réels, on cherche bien vite nos

points faibles, pour nous faire rentrer dans le rang. Alors, si nous avions rêvé de nous élever au-dessus des autres, nous souffrons beaucoup dans notre orgueil. Celui qui recherche la sympathie réussit plus sûrement. Il ne faut posséder que les vertus d'abnégation, d'effacement, de générosité, de bonté, qu'il est en notre pouvoir de développer en nous, qui ne suscitent ni ennemis, ni envieux. Au contraire, les autres trouvent leur profit à entretenir en nous ces bonnes dispositions, mais bientôt ils sont entraînés sans y penser à nous donner la sympathie que nous désirons.

Le bonheur se trouve bien plus souvent dans l'ombre qu'à la grande lumière, aux versants des hauteurs que sur les sommets. Qui le devine est heureux autant que la condition humaine le permet.

Mais c'est trop simple, trop peu enivrant pour bien des natures. Et pourtant cette compréhension est une préparation nécessaire à des joies plus grandes. Celles-ci ne sont bien appréciées que si on s'est acheminé vers elles par les étapes indispensables.

C'est absurde de dédaigner les humbles petites joies qui sont à notre portée, qui viennent pour ainsi dire se glisser sous notre main. On attend des délices paradisiaques, des bonheurs édéniques, sans vouloir se dire qu'ils ne sont pas faits pour les hommes. Et l'on foule aux pieds, sans les voir ou par dédain, les fleurs jetées par la Providence sur le dur chemin terrestre, pour l'adoucir et l'embellir.

La fortune, la considération, le succès, tout cela est instable. Pour bâtir plus profondément que sur le sable, il faut accueillir avec reconnaissance les petites satisfactions qui se présentent, faire sa joie de sa propre estime, du bonheur qu'on donne aux autres, et tuer en soi toute ambition qui n'a pas un but très noble et désintéressé.

Son caractère.

Le caractère de la femme chic.

La femme chic a un caractère excellent,
parce qu'elle est dénuée de vanité et d'orgueil. Elle a sa juste fierté, mais elle ne
croit pas que tout lui soit dû, qu'il faille
lui donner sans cesse raison, ni qu'elle
mérite toute l'attention ni toutes les attentions.

Cette façon de penser lui enlève donc
toute susceptibilité. Susceptible, se fâ-
chant à propos de tout, se croyant sans
cesse visée, attaquée, frappée, elle perdrait
toute grâce, tout chic.

Dans le monde, comme en famille, elle
ne se montre pas du tout rigoureuse sur
la question de prééminence. Elle est trop
au-dessus de ces petites choses, pour s'en

inquiéter pour son compte, car pour celui des autres, elle veille à ne pas commettre d'erreur ou d'impair sur ce point que beaucoup de gens trouvent important. Mais s'il s'agit d'elle, elle ferme les yeux sur des oublis involontaires, ou même volontaires. Elle se dit que, seuls, ceux qui sont chargés de faire respecter en leur femme la hiérarchie ou la discipline, ont le devoir de se montrer exigeants en matière d'étiquette, parce que ce n'est pas eux qu'ils font respecter par ces vaines démonstrations, mais bien les institutions établies.

L'indulgence est une preuve d'esprit autant que de bonté. En matière de politesse, il est des gens qui sont d'une intransigeance absurde. Qu'on soit scrupuleusement correct, on a raison, qu'on se garde de tout manquement à l'égard des autres, il n'en peut résulter qu'un grand bien. Mais, si l'on veut vivre en paix avec son semblable, il n'en faut pas attendre autant de lui, et si on désire paraître aimable, on n'aura aucune exigence pour son compte.

Une bonhomie vraie, sans trivialité, toutefois, compte au nombre des dons qui nous valent une enviable popularité. L'atmosphère qui entoure les personnes bonnes et indulgentes a le privilège de dilater les cœurs, c'est l'air ambiant.

La sérénité est tout aussi nécessaire à celui qui veut être agréable aux autres. Et une humeur doucement gaie, souriante.

Notre femme chic ne se laisse pas aller à la colère, à l'emportement. Elle peut écouter des reproches, des récriminations injustes et y répondre avec calme, ou n'y pas répondre. Elle peut entendre discuter ses opinions, les railler même, et les maintenir avec modération. Elle sait que la violence nous dépouille de toute grâce, de toute autorité aussi, et elle s'exerce à ne s'y abandonner en aucune circonstance.

La femme chic a l'humeur égale.

Vous pensez bien que la femme chic est non seulement d'humeur agréable, mais encore d'humeur égale.

Ce n'est pas elle qui croirait que le caprice stimule l'affection, et, le croirait-elle, qu'elle n'emploierait pas ce moyen, répréhensible parce qu'il fait souffrir ceux contre lesquels on l'emploie. Ce calcul n'est pas le fait de sa nature affectueuse, sincère et droite. Du reste, elle est trop intelligente pour ne pas savoir que c'est un calcul absurde et faux, comme tout ce qui est basé sur l'égoïsme. Il peut réussir *pour un temps*, avec les êtres faibles, mais il est sans succès auprès des forts.

Il y a des gens qui ont le malheur de

naître fantasques, bizarres ; l'éducation a bien de la peine à corriger leur nature — si leur volonté n'y aide. Le caprice est signe de mauvaise éducation ou de caractère très imparfait. Ceux qui s'y livrent ne sont jamais de relations agréables et on ne les recherche pas.

Les capricieux ne peuvent non plus posséder une grâce parfaite, puisqu'elle est intermittente. Un jour ils vous accueillent avec la plus cordiale expression et le visage le plus aimable. Une autre fois, sans que vous en sachiez la raison, leur mine est froide, leur air contraint. Doué d'une grâce véritable, de vrai chic, on est aimable d'une façon permanente et non selon que souffle le vent.

La grâce, prenant sa source dans la bonté et le désir de plaire, ne peut exister chez la personne qui se laisse aller au caprice. Et remarquez que c'est cette personne qui excusera le moins un assombrissement d'humeur, qui peut être causé par une préoccupation, si grave qu'on ne puisse la rejeter et qu'il est parfois impossible de confier. Cette personne qui se croit le droit de se montrer, selon les jours, indifférente, détachée, bourrue, si tel est son bon plaisir, vous imputera à crime d'avoir en sa présence — accordée comme une faveur — un visage moins souriant qu'à l'ordinaire, un air moins empressé.

La mauvaise humeur aussi est absolument incompatible avec le chic. Elle étend une sorte de voile, de brouillard sur le visage : on fronce le sourcil, la bouche fait la moue, la parole est sèche, dure ; on bouscule, on malmène les êtres et les choses. On devient une personne ronchonnante, toujours mécontente, aigre, acariâtre, atrabilaire, insupportable à son entourage et à elle-même.

On admet fort bien que la femme la meilleure puisse être troublée, même profondément, par un événement ou un incident pénible. Mais elle n'est pas assez injuste pour en faire pâtir les autres qui n'en peuvent mais. Elle se réfugie dans la solitude pour souffrir seule, se calmer, se reprendre, ne revenir au milieu des siens, de ses amis, de ses connaissances qu'avec un visage et un cœur apaisés.

Les gens chics se reconnaissent à l'égalité et à la grâce de leur humeur, à la sûreté de leur commerce, ce qui rend avec eux les relations aussi faciles qu'agréables. Ils exigent peu, mais ils accomplissent tous leurs devoirs envers les autres.

La femme chic n'aime pas contredire.

La femme chic n'a pas l'esprit de contradiction, l'esprit de contradiction systématique, surtout, qui fait prendre le contre-pied de tout. Elle ne contredit les affirmations, les idées et les sentiments des gens que si la loyauté l'exige. Mais lorsqu'il lui faut s'élever contre une affirmation fausse et erronée, elle défend la cause ou la personne incriminée en évitant de froisser son adversaire. Cette modération est possible, même, quand au fond de soi-même on sent bouillonner l'indignation, si on a appris à se dominer, si on a cultivé en soi la bienveillance envers tous.

Personne n'accepte qu'on le contredise avec âpreté, c'est pourquoi, lorsqu'il vous faut exprimer un avis contraire à celui de votre interlocuteur, vous devez l'émettre avec douceur. Et combien de gens, au contraire, soutiennent, contre toute évidence, qu'ils ont raison, ou contredisent les assertions des autres, en renforçant leur opinion d'une voix tonnante, qui couvre celle de leur interlocuteur.

Toutes les fois qu'il n'y a pas nécessité absolue, gardez donc le silence lorsqu'on dit devant vous une chose que vous ne pouvez approuver, qui n'est pas selon votre manière de voir. Et ne heurtez jamais les sentiments d'autrui, c'est du plus mauvais ton, du reste. Par contre, la femme chic sait supporter qu'on la contredise, elle sait accepter les raisonnements qu'on lui oppose, s'ils sont justes.

La femme chic évite également les discussions. La courtoisie étant pratiquée de chaque côté, il n'y aurait pas à redouter les excès de langage ; chacun des interlocuteurs ayant le respect d'autrui, de ses idées, de ses sentiments on pourrait, sans craindre aucun résultat fâcheux, se livrer à la discussion ; de l'examen en commun jaillirait la lumière, tandis que les débats ne font à l'ordinaire qu'épaissir l'obscurité où une foule d'esprits se complaisent encore.

Du reste, très souvent l'interlocuteur qui a pour lui l'intelligence et la raison n'est pas compris de son adversaire : malgré toute la lucidité avec laquelle on lui expose les faits, celui-ci ne saisit pas ce qu'on lui dit ; ou, de très bonne foi, il ne peut admettre que son propre jugement soit en défaut ; ou, encore, il n'a pas assez de hauteur dans l'esprit pour convenir en face de lui-même qu'il est dans l'erreur.

Il y a encore l'entêtement contre lequel se brise le désir d'éclairer les autres, lorsque l'on croit détenir la vérité.

Quand la volonté de résister à la persuasion est aussi évidente, il n'y a qu'à clore le débat. Si on persévère à imposer l'idée repoussée, la discussion dégénère en querelle, grave parfois, et c'est autant de retard apporté au triomphe de « la bonne nouvelle ».

La femme chic est franche
sans brutalité.

La femme chic n'aime pas la franchise brutale. Elle trouve qu'à l'égard des indifférents il n'y a nulle hypocrisie à se montrer poli et même bienveillant, elle s'appuie sur cette idée que ce sont des sentiments ordonnés par la charité qui doivent présider aux rapports *quelconques* des hommes entre eux. Mais, dira-t-on, si ces indifférents déplaisent, sont antipathiques? Elle s'efforcera de ne pas le leur témoigner et, cela, sans pouvoir être accusée de dissimulation. Que fait-elle, sinon essayer de surmonter une aversion qui ne doit pas exister, car *il faut aimer l'humanité* sous toutes les formes. Elle *s'oblige* à traiter son prochain selon les lois de l'Evangile qui sont celles du savoir-vivre, dans l'expression la plus élevée de ce mot.

Ce qui est condamnable c'est d'accabler les gens de démonstrations d'amitié tout en leur faisant ou tentant de leur faire du mal, c'est de se confondre en protestations hyperboliques de sympathie à l'égard de gens dont on vient de déchirer l'honneur, d'attaquer le caractère.

Ce qui est indigne, c'est de prodiguer des semblants d'affection pour obtenir des faveurs, des bienfaits, tandis qu'au fond de soi on jalouse, méprise ou déteste ceux dont on attend des grâces.

Ce qui est honteux, c'est de renier sa foi politique ou autre, selon les circonstances.

Mais on n'est pas hypocrite pour ne pas se livrer à une franchise qui peut peiner, blesser ou nuire; pour vaincre une répulsion juste ou injuste, si l'on n'a en vue que la satisfaction de la personne qui inspire ce *repoussement*.

Beaucoup de gens croient aussi honorer la franchise en pratiquant le sans-gêne. Par exemple — et je choisis le moindre — demander tout crûment à son propriétaire une rose ou un objet qui plaît, ce n'est pas de la franchise, c'est dans l'état de nos mœurs, polies et prudentes, un peu de sans-gêne. Cette rose qui fleurit le maître du jardin tenait peut-être à en jouir. Vous l'obligez à s'en priver. C'était déjà trop de vous écrier avec une impression de désir : « Oh ! la belle rose ! » à moins qu'on ne vous fît remarquer son éclat. Mais du moins avait-on la faculté de la laisser sur son rosier sans vous l'offrir.

Quelques personnes sont bien aises aussi de mettre sur le compte de la franchise et du naturel les boutades destinées à froisser autrui : « Moi, je dis tout ce que je pense, je suis si naturel ! » Et sur cette déclaration, on s'arroge le droit d'exprimer des vérités blessantes, de faire des critiques malveillantes. On y met un air délibéré, enfant terrible, auquel les imbéciles se laissent prendre.

Beaucoup de malignité se cache sous cette « franchise » et ce « naturel » : « Il faut me pardonner, je ne sais rien garder sur le cœur. »

Il y a des gens qui vous en disent bien moins, contre lesquels on se fâche bien plus, parce qu'ils ont parlé avec l'accent de la colère, ou d'une rancune peut-être motivée. Eh bien ! je préfère encore la franchise emportée à cette fausse franchise naturelle, qui rit en égratignant, parfois en écorchant.

La franchise mérite, certes, l'estime, mais il faut l'accompagner de mesure et de ménagements charitables.

La femme chic est loyale.

Elle sait que, si en amitié, en affaires, en politique, en amour, la loyauté présidait, des deux parts, aux rapports, la vie serait débarrassée de ses difficultés, de ses épines. Ce serait le bonheur pour les uns et les autres ; la facilité, le succès dans toutes les transactions, d'un côté et de l'autre.

La loyauté est le fond du savoir-vivre.

« Ne fais pas à autrui, ce que tu ne voudrais pas qu'on te fît. » La loyauté, c'est la souveraine habileté. Toute traîtrise est punie un jour ou l'autre. Nous n'avons jamais à nous repentir d'avoir apporté une scrupuleuse honnêteté, dans les petites comme dans les grandes choses, où nous avions en face du nôtre, l'intérêt d'une autre personne.

Celui qui trompe, dupe, exploite reçoit un jour ou l'autre le choc en retour.

La loyauté est, en outre, une élégance. La femme chic met, comme le gentleman, sa gloire à être absolument intègre. Elle pratique la vieille devise française : « Fais ce que dois. »

Et elle tient loyalement ses serments. Elle est fidèle à ses promesses, même à l'égard d'un enfant, parce que c'est loyauté de tenir ce qu'on a promis. C'est loyauté d'être discret. C'est loyauté de se garder de cette vilaine, de cette noire action : médire, calomnier. C'est loyauté de vouloir justifier pleinement la confiance qu'on met en nous. C'est loyauté de ne pas abuser les gens sur les sentiments que nous éprouvons, de ne pas faire croire à une affection que nous ne ressentons pas.

Et rien n'est estimable comme cette crainte de s'enlaidir moralement en commettant le moindre acte déloyal, c'est-à-dire en nuisant aux gens pour servir son propre intérêt.

La femme chic est facile à vivre.

Une femme grincheuse ne pourrait prétendre au brevet de chic, vous le pensez bien.

Les gens qui ne sont satisfaits de rien ni de personne ne peuvent être agréables, puisqu'ils manquent d'indulgence, de patience. « Ceux qui ne supportent rien sont insupportables », dit Pontsevrez.

La femme grincheuse critique tout, elle est aigre, acerbe. Il est contraire à l'élégance de se montrer sans cesse mécontente, de reprendre tout le monde, de trouver à redire aux moindres actions des autres et en particulier des personnes de son entourage.

Pour être classé parmi les gens chics, il faut être ce que l'on appelle facile à vivre, c'est-à-dire qu'il est nécessaire d'accepter avec philosophie les minimes déconvenues, de savoir condescendre aux petites faiblesses et de pouvoir excuser les légers manquements. La pratique journalière de l'indulgence, cette grâce, nous rend le pardon aisé dans les cas plus sérieux.

Cette façon d'agir n'exclut pas la fermeté quand elle est indispensable. Il est des femmes très douces qui étonnent par la fermeté de leur caractère dans les occasions graves, et quand elles ont usé et usent encore de longanimité. Mais on peut déclarer sans se tromper que les plus

hautes qualités et les plus grandes vertus
ne suffisent pas à nous rendre aimables,
si elles sont accompagnées d'une extrême
sévérité pour autrui. Si ceux qui les possèdent jugent durement les actions d'êtres
moins bien doués, ils se feront peut-être
détester. La vertu qui est une supériorité, la plus grande de toutes, doit se faire
pardonner comme toutes les supériorités
humaines, et elle n'y arrive qu'en se montrant indulgente pour les faiblesses qu'elle
domine.

Cette indulgence et une certaine philosophie doivent se manifester à toutes les
heures du jour, dans les petites choses,
dans les cas les plus ordinaires. C'est-à-
dire que notre humeur ne doit pas être
altérée par les mille inconvénients, contre
lesquels on se heurte à chaque instant,
ni par les défauts, ni par l'incapacité de ceux
qui nous entourent. Ces femmes qu'un
rien irrite, déconcerte, mécontente ou fait
pleurnicher, ne seront jamais des femmes
chics, ni même des femmes du monde.

Ne soyez pas grincheuses. Une grande sérénité naturelle ou acquise, est une des précieuses qualités de notre type féminin.

La femme chic réprouve le pessimisme.

La femme chic ne pratique pas un optimisme exagéré, mais elle réprouve le pessimisme.

« N'écrivez pas le diable sur le mur », disait notre mortel ennemi Bismarck. Cela signifiait : Ne voyez pas tout en noir, vous feriez arriver le mal.

C'est l'avis d'un auteur anglais, qui s'exprime en termes différents mais formels :

« L'humanité aujourd'hui ne veut pas entendre les pessimistes. Le prêtre qui parle de l'enfer éloigne les fidèles; le médecin qui craint toujours les complications de la maladie, fût-il Esculape en personne, ne réussira pas.

« L'optimisme a un succès énorme en ce temps-ci. Chaque homme a assez de son fardeau de craintes et d'appréhensions personnelles, et ne veut pas qu'un autre y ajoute. On cherche la gaieté et le soleil. Les romans qui se terminent tristement n'ont pas la faveur, si jolis et bien écrits qu'ils soient. Et quel que soit le génie d'un homme, s'il trouve ses contemporains égoïstes, ingrats et décevants, il n'atteindra pas au succès véritable.

« Celui qui déclare le monde cruel, injuste, crée ces conditions autour de lui. Ce n'est pas une assertion en l'air, celle qui a cours aujourd'hui parmi les esprits intelligents, que la pensée est une force vitale aussi puissante que l'électricité, bien qu'elle soit plus lente en ses résultats. Selon l'espèce de pensée que nous envoyons hors de nous-mêmes constamment, se bâtira notre avenir terrestre.

« Persistante défiance, doute continuel amènent la faillite de nos premiers espoirs et la pauvreté, aussi sûrement que la pluie engendre l'humidité.

« Persistante espérance et confiance absolue apportent le succès et le bonheur, aussi sûrement que le soleil brille, et sans que l'optimiste dépense plus de temps et d'efforts que le pessimiste, qui récolte l'insuccès. Croyez en vous-même, croyez en l'humanité, croyez au succès de vos entreprises. Ne craignez rien ni personne. Aimez votre œuvre. Travaillez, espérez, ayez confiance. Gardez contact avec le présent. Apprenez à être à la fois sensible et pratique et toujours de votre temps. Vous devrez réussir. »

L'esprit d'inquiétude est préjudiciable à soi et aux autres. Il a des effets désastreux sur la beauté et la santé, sur le caractère aussi.

La régularité dans les habitudes, dans

le travail, les journées bien employées dans le calme et la possession de nous-mêmes, voilà le remède à opposer à ce fâcheux état d'âme. Au contraire, l'emploi des heures n'est-il pas bien réglé, nous sommes troublés, soucieux, nous ne pouvons réagir contre des anxiétés souvent sans cause.

Les personnes qui sont dévorées de la crainte de ne pas parvenir au but, qui veulent y arriver tout de suite, négligent les prémisses charmantes qui valent mieux parfois que le fait accompli.

Qu'y a-t-il de plus doux que l'espérance, dont les Chinois disent : « C'est du bonheur en fleur. » Et ne faut-il pas mettre en action ce proverbe : « Ne traverse pas le fossé avant que d'être en face. »

La femme chic est fière.

La femme chic pratique une fierté bien placée. Elle ne se lie pas à l'étourdie avec les gens dont la position de fortune est très au-dessus de la sienne. Elle ne rencontrerait que déboires. D'abord ces connaissances riches s'imagineraient que son amitié est intéressée, qu'elle veut partager les jouissances que procure un grand état de maison, qu'elle attend de ces relations quelque faveur, des avantages. Elle pourrait être inspirée par l'affection la plus gratuite, ses amis riches la soupçonneraient peut-être, pour commencer, et, quant à la foule, elle admet rarement que les intentions soient

pures. Elle a réfléchi aussi qu'en certaines occasions on fait tache au milieu des élégances de la maison luxueuse
où le cœur appelle ; que les autres
connaissances de son hôte, sinon lui,
pourraient la traiter avec quelque dédain par suite de sa position modeste,
de sa toilette trop simple ou incom-
plète, malgré tous les sacrifices pour se
mettre à hauteur? Que de femmes j'ai connues, dans ces conditions, qui partaient
pour une fête, gaies, heureuses, triom-
phantes, se croyant bien parées, et qui
revenaient mortifiées, humiliées, désespé-
rées pour avoir vu rire sous l'éventail de
leur robe démodée, de leurs bijoux mesquins. Vous me direz que ce chagrin-là
n'est pas bien intéressant. J'en conviens :
il fallait supporter ce mépris des sots avec
plus de philosophie et prendre la résolu-
tion de ne plus retourner parmi ceux qui
font de la pauvreté un crime. Nous parlons
de cela pour faire éviter ces souffrances
d'amour-propre à ceux, à celles surtout

qui sont sensibles à l'excès, sans pouvoir cependant être taxées de vanité.

Du reste, il y a encore là une question de dignité. Il vaut mieux, si peu de cas que l'on fasse de certaines opinions, ne pas s'exposer à être ridiculisé par des snobs imbéciles et des femmes frivoles. On ne peut certes pas dire ni penser qu'on leur soit inférieur, cependant il y a inégalité sur un point... qui saute aux yeux, tandis que d'autres supériorités, du côté de la femme pauvre, passeront inaperçues. Même quand elle n'est pas grave, pourquoi aller au-devant d'une blessure?

La fierté est une armure de diamant pour celui dont la situation est médiocre. Je ne vais pas jusqu'à dire qu'il doive repousser l'amitié d'un homme riche, heureux, favorisé de tous les dons de la fortune. Pourquoi infligerait-on ce chagrin aux gens de cœur, sous prétexte qu'ils ont assez de bonheur et qu'on ne risque rien à troubler un peu ce bonheur? Mon avis, au contraire, est que l'homme

parfaitement digne, équitable et bienveillant, que celui qui ignore l'envie, sait non
seulement accorder sa sympathie aux souf-
frants, mais encore à ceux qui sont dans
la joie. Mais qu'on se laisse faire des avances, beaucoup d'avances, qu'on n'accepte
l'amitié d'un heureux de ce monde qu'après
s'être convaincu qu'elle n'est pas l'effet
d'un caprice, qu'elle sera durable, comme
elle est sincère. Et même, quand on en
est arrivé là, il faut laisser venir l'ami
riche dans sa maison plus souvent qu'on
n'ira en la sienne. On peut même en dire
tout autant à l'égard des parents riches. Il
faut se laisser appeler par eux. Ce n'est pas
du sot orgueil, de la susceptibilité outrée.
Il vaut mieux être accusé de sécheresse que
d'adulation. mais on peut se tenir entre ces
deux extrêmes, alors on est tout à fait
digne. Rien n'empêche non plus, quand on
nous a donné des preuves de considération
affectueuse, de nous abandonner à des
sentiments plus doux, à des démonstrations... un peu plus vives.

La femme chic est courageuse.

La femme chic est énergique et coura-
geuse. Je ne parle pas de cette sorte de
courage qui va au-devant des périls, ni de
l'énergie qui naît de la force.

Elle est peut-être peureuse, mais elle
« prend sur elle » et elle arrive à vaincre
ses nerfs, son tempérament, toutes les
fois que ses appréhensions, ses craintes
peuvent ennuyer les autres ou la rendre
ridicule.

Son courage — et ce n'est pas le moindre
— consiste à supporter vaillamment les
déboires de la vie, et les malaises, la maladie.

Vous ne l'entendez pas geindre sans
cesse, se plaindre du plus léger mal de tête

ou d'estomac, d'un rhume, d'une douleur passagère. Elle se soigne parce qu'il est fort inutile de souffrir, mais elle porte remède au mal sans en importuner les autres. Si parfois elle avoue qu'elle souffre, c'est pour expliquer son manque d'entrain momentané. Mais elle ne s'étend pas complaisamment sur ce qu'elle éprouve, elle n'inquiète ni n'attriste son entourage par des prévisions pénibles.

Même en 1840, alors que c'était la mode d'être « poitrinaire », elle répudiait les airs languissants, les « vapeurs ».

Sérieusement, réellement malade, elle ne se laisse pas abattre et relève les courages autour d'elle. Elle trouve qu'il y a une certaine élégance à s'oublier en ces circonstances, comme en d'autres.

Mais ce détachement d'elle-même lui donne la patience d'écouter les doléances des gens qui, lisant des traités médicaux, se croient atteints de toutes les affections connues. L'ennui qu'elle en éprouve, sans le montrer, l'a incitée à ne pas mettre à pareille épreuve les gens auxquels elle parle.

Ce n'est pas sur ce seul sujet qu'elle se refuse à la plainte. Elle n'étale pas ses chagrins intimes, elle les renferme dans son cœur. Pourquoi en affligerait-elle les autres — ou les en importunerait-elle ?

Elle ne déplore pas son sort, disant que personne n'est aussi malheureux qu'elle. Dans toutes ses douleurs, il lui reste de la pitié pour celle des autres.

Elle ne s'écrie pas qu'elle n'a pas de chance, elle ne se croit pas poursuivie par un mauvais sort exceptionnel.

Elle ne se plaint pas de sa pauvreté, elle ne l'étale pas, elle la dissimule noblement, élégamment.

Elle ne se pose pas en héroïne d'épisodes affreux ou malheureux ; en un mot elle supporte avec simplicité les maux, les chagrins, les douleurs inévitables de la vie, et c'est tout à fait rare et charmant, c'est une coquetterie délicieuse : la lâcheté, la peur, l'égoïsme sont des laideurs.

La femme chic est prudente, non méfiante.

La femme chic est prudente. Elle réfléchit assez aussi, pour ne pas commettre d'impairs.

Mais sa prudence ne tourne jamais à la méfiance. Elle ne voudrait pas être affligée de ce vilain défaut, tandis que la prudence est une qualité.

Elle souhaiterait pouvoir accorder une confiance aveugle à tout le monde, mais on lui a dit qu'un peu de défiance est nécessaire, que la défiance consiste à se mettre un peu en garde. Et, en effet, la défiance n'accuse pas, elle veut s'éclairer et c'est tout.

Les gens méfiants, eux, croient à la perversité de tous, ils incriminent toutes les actions ; pour eux, la loyauté, le désintéressement, la grandeur d'âme n'existent pas. Serait-ce qu'ils ne peuvent les concevoir ? Qu'un événement prête à deux interprétations, comme presque toutes les choses humaines, c'est l'interprétation défavorable qu'ils choisiront.

Les gens qui ont le cœur haut placé n'aiment pas, au contraire, à voir l'humanité sous des couleurs fâcheuses. Leurs appréciations sont plutôt bienveillantes, et il se trouve qu'ils sont souvent dans le vrai, leur propre élévation leur donnant le sens juste des choses et des hommes.

Ils ne montrent donc aucune méfiance à l'égard de leurs semblables. Ceux-ci, du reste, agissent avec plus de droiture quand on leur témoigne de la confiance.

Mais on peut s'entourer de quelques précautions pour ne pas être dupé moralement ou matériellement. Il ne faut pas donner tout son cœur aux gens avant de les connaître un peu. Il ne faut pas leur confier sa fortune avant qu'ils aient donné des preuves de probité.

Le manque de confiance froisse, blesse, éloigne. Un abord ouvert, des allures, confiantes, attirent. On se sent à l'aise avec les gens qui paraissent croire en vous; on est tout prêt à leur rendre ce qu'ils donnent. L'homme fermé, hésitant, rencontre chez les autres la méfiance qu'il éprouve.

Toutefois, il ne faut pas s'abandonner, je le répète, à une folle confiance qui ignore toute prudence. Ce qui est à éviter, c'est la méfiance systématique, qui n'est jamais le fait d'une âme haute.

La femme chic est ennemie de l'esprit de domination.

La femme chic ne cherche à dominer personne. Ni son mari, ni ses amis, aucun

de ceux qui l'approchent, car sa nature
n'est pas autoritaire.

Elle a un solide et ferme caractère, mais
ces qualités n'infirment pas plus sa délicatesse et sa douceur, que la dureté du
marbre n'empêche son lustre et son poli.

Le besoin de dominer autour d'elle ne
trouble pas sa vie ; elle n'aime ni la bataille
ni la lutte, elle veut vivre en paix avec tout
le monde, dans la reconnaissance des
droits d'autrui et des siens.

Elle a trop de hauteur de caractère, trop
de tendresse pour vouloir asservir ceux
qu'elle aime ou qui vivent dans son rayon-
nement. Elle serait bien désolée de les
amoindrir parce qu'ils répondraient moins
à son idéal de dignité humaine. Elle ne
saurait pas tourmenter les autres de ses
exigences.

La femme chic a toujours l'ambition de
trouver chez son mari un être supérieur à
elle. Puisque de par la nature et les lois
il est le chef de la famille, le protecteur
de « la maison », il doit avoir des qualités

correspondantes à ce côté élevé. Elle serait désolée de ne trouver en lui qu'un homme nul et sans valeur, sur lequel elle ne puisse s'appuyer avec quelque fierté. Soyez certaine que, si elle avait ce malheur, elle n'achèverait pas d'annihiler le pauvre sire : elle emploierait tous ses efforts à lui faire prendre la place qui est sienne. Elle cacherait soigneusement au monde et à ses enfants la faiblesse du père de famille.

S'il lui fallait tout diriger à sa place, elle se cacherait d'exercer ce rôle, estimant qu'il y a plus de grâce, en cette occurrence, à paraître la protégée que la conductrice.

Elle ne veut non plus exercer aucun despotisme sur ses enfants, elle les guide comme c'est son devoir, elle ne les opprime jamais, comme font tant de parents avec la meilleure intention du monde, mais inspirés par leur besoin de domination.

Sur personne elle ne veut exercer de pression, peser, imposer son influence, ses idées, sa manière d'envisager les choses.

Elle permet aux autres d'avoir leurs

goûts, différents des siens, leur propre façon de voir, leurs opinions personnelles. Elle n'est pas intransigeante, elle pratique la plus grande tolérance, tout en réservant ses appréciations.

Comment elle parle.

Avant tout, elle sait écouter.

Un des grands talents de la femme chic est de savoir écouter. Elle a cultivé la douce vertu de patience, celle à laquelle un grand poète donne la couleur rose.

Pour avoir appris à bien écouter, à discerner, elle trouve le mot juste, le mot propre, le mot en situation ; elle surprend, elle se surprend elle-même par la vivacité avec laquelle elle exprime sa pensée.

Ce n'est pas elle qui ne saurait pas attendre que les autres aient fini de parler, pour parler à son tour. Elle n'ignore pas que, causât-elle avec brio et esprit, on ne lui pardonnerait pas de monopoliser la conversation.

Elle n'écoute pas non plus d'un air

absent, d'une oreille inattentive, comme on voit faire aux gens impatients ou dont l'attention est trop facilement distraite.

Détachée d'elle-même, elle fait parler ses visiteurs sur les sujets qui leur plaisent, qui les touchent, et elle les écoute avec un intérêt visible.

Parfois elle trouve un peu d'ennui à entendre parler de choses trop scientifiques ou techniques, politiques ou sportives, qu'elle ne comprend pas très bien. Elle dissimule son ennui, essaie de s'intéresser quand même, finit par s'instruire de bien des choses et ces connaissances acquises lui servent en d'autres circonstances : par exemple, lui permettent de mieux saisir ultérieurement la pensée et les idées de ses interlocuteurs.

On gagne toujours à écouter avec intelligence et sympathie. Si le discoureur l'ennuie trop, elle se dit : cela passera, finira bientôt.

Quand elle va visiter un malade ou un affligé, elle ne le fatigue pas d'un flux de paroles, qui ne le soulageraient ni ne le consoleraient. Elle ne lui fait pas subir le récit de ses propres souffrances, ce qui n'adoucirait pas celles du patient ; elle ne raconte pas un événement pareil à celui qu'on déplore, elle ne veut pas distraire les gens de leur douleur pour les faire gémir sur la sienne. Elle écoute les plaintes, elle laisse s'exhaler l'affliction. Elle est venue pour eux, non pour elle. Elle dit seulement les mots qu'il faut, mais son serrement de main, son regard ému parlent éloquemment, font comprendre qu'elle compatit aux maux, à tous les déchirements. Dès qu'elle retrouve son éloquence, c'est pour rassurer ou pour indiquer les moyens de recouvrer calme ou santé.

Une femme chic et possédant une vraie distinction, n'est jamais loquace.

Et, comme elle est bonne, si elle est forcée d'écouter des bavardages, des pauvretés, elle ne sourit pas d'un air de pitié méprisante. Elle reste impassible, ne soupire pas, un soupir en dirait trop. Chez elle,

elle essaie de détourner ces conversations, chez les autres, elle se dérobe le plus vite qu'elle peut. Mais elle a la patience d'écouter dix fois la même histoire quand elle est inoffensive.

Elle est observatrice. Observer fait partie du travail grâce auquel on forge son âme. C'est aussi une chose très intéressante et souvent même très amusante. Mais il y a temps pour tout. Qui veut écouter avec attention ne laisse pas errer son esprit, renonce au plaisir de faire *in petto* des remarques sur les gens qui sont autour de soi. Se laissant absorber chez elle par ces réflexions, elle ne soutiendrait plus suffisamment la conversation, et négligerait le bien-être de ses invités ou visiteurs. Hors de chez elle, elle ne s'abstrait pas non plus, elle cesserait d'être agréable.

Il faut un peu tendre son esprit, pour entendre, pour écouter ceux qui parlent.

L'agréable causeuse.

Elle ne recherche pas la réputation de brillante causeuse. Il y a des jours où l'on n'est pas égal à soi-même, et quand on a une réputation, il faut la soutenir.

Elle fait de son mieux dans la conversation comme en toutes choses. Ce qu'elle désire, c'est être agréable à tous, et les brillants causeurs, entraînés par le sujet, peuvent déplaire à beaucoup de gens.

Elle ne recherche pas un auditoire, elle parle à son tour. Elle peut émettre une idée, certainement, raconter un fait, un incident, mais sans prétendre distraire à elle seule toute l'assemblée. La conversation s'alimente des fines remarques et des ripostes. Elle doit être un dialogue, elle n'est intéressante qu'à ce prix. La femme chic bien persuadée de ces vérités, n'a donc pas la prétention de tenir la scène à elle seule, de réduire les autres au rôle de spectateurs.

Un brillant causeur n'est du reste pas un bavard. Il y a une différence énorme entre les racontars et la conversation ou la causerie. Mieux vaut ne jamais ouvrir la bouche que de dire une sottise ou de parler sans réfléchir. Une personne ordinaire qui parle peu se fait une réputation de sagesse; un mot imprudent a souvent des suites épouvantables.

Si on a le don de la parole, il faut le cultiver, c'est-à-dire y ajouter le tact. Il faut encore avoir observé pour être intéressant, pour parler de tout avec aisance. Des remarques suggestives, judicieuses nous sont souvent fournies par l'observation. Alors, au côté brillant, on joint la profondeur.

Développez patiemment en vous la faculté de penser, celle de vous exprimer. Autrefois on cultivait plus qu'aujourd'hui l'art de causer. L'automobilisme, une foule d'autres sports étaient inconnus. Pour bien parler il faut lire, et, nous l'avons dit, bien écouter. Une bonne mémoire, l'habitude de réfléchir sur tout ce qui sollicite notre vue, notre oreille et notre entendement, voilà ce qui est indispensable à qui veut parler brillamment ou avec grâce. Les bons auteurs français nous font penser en bon français, et nous exprimer en bon français, lisons-les.

Si nos pensées sont honnêtes, nous parlerons avec fruit pour les autres. Le caractère a une influence sur l'art de la conversation. On n'y est agréable que si l'on est dénué d'égoïsme, si l'on choisit les sujets de conversation qui peuvent plaire à ceux avec qui l'on cause, si on devine ce qui leur plaît; il est bon d'entrer dans les sentiments des gens et, là comme ailleurs, de savoir s'oublier.

On doit aussi pouvoir rester silencieux en certains moments, et beaucoup de personnes feraient bien de se persuader que

parler avec abondance et d'une voix forte,
ce n'est pas toujours bien causer.

Le dénigrement doit être proscrit de la conversation.

Le dénigrement est un vilain défaut,
qui s'oppose au chic complet.

Il y a des gens qui naissent avec un esprit porté vers la critique; il faut de ces
esprits, à condition que la critique soit
saine, franche, élevée—et heureux pourtant
sont ceux qui n'ont pas à prendre ces soins
de redressement.

Mais toute autre est la disposition au
dénigrement, autrement dit au rapetisse-
ment. Les personnes qui appartiennent à
ce qu'on appelle le *vrai monde* répriment
de leur mieux, en elles, ce défaut qui les

rendrait odieuses dans les salons. C'est une règle de « bonne compagnie » de ne pas paraître s'apercevoir des côtés faibles des gens qu'on fréquente, de n'en pas parler. Il est vrai que, si l'on en agit ainsi pour obéir aux lois mondaines seulement, le penchant à voir en laid ne pourra être dissimulé constamment. Il vaut donc mieux cultiver en soi la propension à voir les choses et les gens plutôt en bien, sans optimisme outré cependant.

Ils sont à plaindre ceux dont le regard perçant découvre toutes les petites laideurs, toutes les légères imperfections des êtres et des choses. Certains défauts, pour être fondus dans le charme ou la beauté du tout, ne sont pas découverts par des yeux ordinaires, ou bien les gens qu'on croit affligés d'une vue plus courte professent la maxime de Phidias (je crois) : « Le vrai beau séduit par l'ensemble. »

Le dénigrement, au reste, ne porte jamais sur les choses sérieuses, ce qui fait toucher du doigt la bassesse de son origine.

Aussi la femme chic aurait-elle honte de s'y livrer.

Les hautes intelligences, les caractères élevés ont autre chose à faire que d'exprimer des remarques désobligeantes. Les petits esprits, les caractères mesquins ou les personnes mal élevées disent : « Ils n'ont aucune finesse, ils ne s'aperçoivent de rien. » Ils voient toutes les misères humaines et tous les ridicules, mais ils nient la nécessité d'attirer l'attention sur ce qui est choquant ou déplaisant.

Une femme chic ne dénigre ni la toilette, ni la beauté, ni la manière d'agir des autres femmes. Elle ne déclare pas qu'elles sont perfides et déloyales, qu'elle ne les aime pas, qu'elle ne leur ressemble pas. Les hommes s'amuseraient trop à l'entendre parler aussi sottement. Bien entendu, elle ne cherche pas non plus à découvrir et à proclamer les défauts de l'autre sexe. Elle ne critique pas davantage les efforts de la nature humaine vers le bien et le beau.

S'extasie-t-on devant elle sur un talent littéraire, musical ou autre, si ce n'est pas son opinion qu'on exalte, elle ne dit rien, elle ne voudrait pas jeter une douche sur l'enthousiasme d'autrui, à moins qu'il ne faille redresser, chez quelqu'un dont elle a charge, un jugement erroné. Et avec quelle douceur, quels ménagements elle agit. On voit que c'est à regret qu'elle critique, qu'elle fait tomber les illusions.

La vanité humaine faisant le fond de tous les travers et de tous les défauts, le dénigrement n'a pour objet que de montrer la supériorité de celui qui formule les critiques, de faire preuve de pénétration, de jugement; de rapetisser les gens pour ne pas être dépassé par eux. Vous voyez bien qu'il naît de l'envie et de l'orgueil, ces deux terribles péchés capitaux.

La direction de la conversation.

Une maîtresse de maison a quelque peine à diriger la conversation, quand des personnes très différentes les unes des autres sont groupées autour d'elle. Il lui faut alors n'aborder que des sujets généraux, mais les varier assez pour que chacun, à son tour, puisse trouver un peu d'agrément à parler ou à écouter.

Dans le tête-à-tête, au contraire, elle doit se livrer tout-à-fait au goût de l'unique visiteur. L'égoïsme est un formidable obstacle au chic, à l'élégance. On évitera donc de donner pour sujet à la conversation soi-même, ses tenants et aboutissants, ses goûts et ses aversions. Une femme chic, élégante, ne commet jamais pareille erreur. Elle parle à son interlocuteur de ce qui l'intéresse, lui.

Si elle a une intelligence élevée, si elle est spirituelle, si elle a de l'à-propos, elle provoque surtout l'esprit des autres. On aime beaucoup cela. Elle fait trouver quelque chose à l'être le plus insignifiant.

Quand elle reçoit ou quand elle va en visite, elle ne parle pas de sa santé, bonne ou mauvaise. Elle sait que rien n'ennuie les auditeurs comme le « je » et le « moi ». Si sa santé était mauvaise, elle obligerait les gens à se répandre en condoléances, elle les attristerait... ou elle les ennuierait. Si elle s'écriait qu'elle se porte comme le Pont-Neuf (je ne sais d'où est venue cette drôle d'expression), elle risquerait d'exciter l'envie des gens malingres ou maladifs.

Elle ne se lamente sur aucune chose; elle ne parle jamais de ses embarras quelconques, de ses peines, de l'abattement de son esprit.

Elle sait que les gens inquiets déplaisent, emplissant l'esprit des autres d'inquiétudes. Triste, chagrin, morose, on est bientôt délaissé; se plaignant amèrement du sort, des gens ou des choses, on éloigne de soi les personnes qui ont assez à faire de porter le poids de leurs propres maux, de leurs propres ennuis. Pourquoi, du reste, voudrait-on qu'autrui s'y intéressât autant qu'on s'y intéresse soi-même... si autrui n'est pas notre femme chic, élégante.

Pas de médisances dans la conversation.

Chez une femme élégante, vraiment chic, la médisance est proscrite.

Elle a toujours pensé qu'il est honteux de faire de sots, de méchants cancans. Bienveillante, elle ne croit jamais le tiers du mal qu'elle entend dire des autres. Ne sait-elle pas, d'ailleurs, que bien des gens, en parlant, se laissent aller à grossir les faits, les défauts, les vices (parfois les vertus... mais c'est rare).

L'expérience lui a appris que, poussé par le ressetniment, la jalousie ou toute autre passion vile, on peut perdre une femme de réputation, discréditer un homme, brouiller des parents, des amis, en tirant des conséquences d'un événement très simple en lui-même, d'une circonstance sans portée, mais qui, envisagés d'une certaine façon, peuvent prendre de la gravité, auxquels on peut du moins donner de la gravité, une gravité fausse, parfois terrible.

Quand on garde pour soi les suppositions injurieuses qu'un esprit honnête rougit de faire devant lui-même, le mal n'est pas énorme, si ce n'est pour celui qui conçoit les vilenies. Mais le bonheur, c'est de communiquer ses soupçons, ses calomnies à d'autres êtres malfaisants, ou de faire admirer sa clairvoyance, ou d'étonner les badauds en montrant comme on est bien informé.

Sans compter la douceur d'abaisser à son niveau celui dont on incrimine les actes et les pensées. Joie délicieuse pour les malfaisants qui jalousent toute supériorité et tout bonheur.

C'est avant tout des autres femmes que la femme chic ne dit pas de mal. Si elle prétendait que les personnes de son sexe sont fausses, dissimulées, méchantes, etc., les hommes riraient dans leur barbe et penseraient : « Mais c'est à cette moitié de l'humanité décriée par vous, que vous appartenez, chère madame. »

Encore, parler contre les femmes en général, ne fait guère de tort qu'à celle qui tient ces propos maladroits. Mais où les choses deviennent graves, odieuses, c'est quand on répète un bruit offensant, outrageant qui court contre une femme, qu'on nomme par-dessus le marché. Ou qu'ayant bâti contre elle une hypothèse plus ou moins juste, on fait part de ses conjectures malveillantes. Un coup de langue, comme on dit, est parfois plus terrible qu'un coup d'épée.

Il y a des femmes qui le donnent sciemment, pour nuire. Il en est d'autres moins coupables qui n'ont été qu'indiscrètes, qu'imprudentes, mais qui ont fait autant de mal. Veillons donc bien sur nos paroles. Le proverbe n'est pas vrai qui dit qu'elles s'envolent. Ou si elles s'envolent, c'est pour être portées plus loin, pour répandre la médisance en longues traînées.

Ces conversations qui ont pour objet des racontars malveillants, des appréciations haineuses, des commérages moqueurs, peuvent être très brillantes (c'est-à-dire très mordantes), cela se voit et elles sont quelquefois applaudies et recherchées.

Aux yeux des penseurs, elles dénoncent toujours une certaine vulgarité d'esprit, un manque de cœur et de sympathie humaine, une absence de bon sens, parfois un cerveau vide ; c'est pourquoi elles ne peuvent être tenues, elles sont bannies dans la maison de la femme chic.

La conversation ne doit pas être inquisitive.

Une femme qui veut mériter une réputation de chic et d'élégance, se garde, dans la conversation, comme en toutes ses actions, de tout ce qui peut être imputé à curiosité.

Elle ne questionne même pas ses amis les plus intimes au sujet de leurs affaires. Quelque intérêt qu'elle prenne à tout ce qui les concerne, elle attend que, d'eux-mêmes, ils la mettent au courant de ce qu'ils peuvent lui apprendre.

A personne elle ne pose de questions

embarrassantes, qui sentent l'inquisition ou la curiosité vulgaire. Elle sait qu'elle se ferait redouter de ceux qui n'aiment pas à laisser pénétrer dans leur vie ou dans leur pensée.

La femme chic se garde même de gêner les natures timides ou nerveuses par un regard inquisiteur, qui semble détailler la personne de la tête aux pieds, qui paraît vouloir fouiller les sentiments, pénétrer les pensées. En parlant, elle ne laisse pas peser trop longtemps son regard sur les gens; il est des personnes impressionnables qui en seraient déconcertées.

Elle ne s'enquiert pas non plus de ce que font les gens pourtant indifférents à ceux auxquels elle demanderait des détails. Il n'y a qu'aux esprits peu élevés que les faits et gestes d'autrui offrent de l'intérêt, fournissent un thème inépuisable.

Rien mieux que cette curiosité stupide, même si elle n'est pas méchante, ne dénote l'étroitesse d'esprit, la défectuosité de l'éducation. Un caractère de haut vol ou seulement un large esprit ne perdra jamais son temps à vouloir pénétrer la vie, les actions de son prochain. Une personne bien élevée, ne fût-elle guidée que par la prudence mondaine, saura qu'il ne faut pas s'enquérir des faits dont les mobiles et les circonstances lui sont inconnus. Ceux qui sont avides de les connaître, en tirent des déductions presque toujours fausses, invraisemblables, saugrenues, la plupart du temps méchantes.

Cette curiosité bête, cette attention malicieuse ou malveillante, ce besoin d'expliquer la conduite de ses voisins, occasionne parfois des dommages à ceux qui en sont victimes.

Quelque correction qu'on puisse mettre dans son existence et ses habitudes, quels que soient les sentiments d'honneur dont on ait donné des preuves, tous les événements petits et grands de la vie prêtent ainsi à la curiosité maligne et pleine de dangers des petits esprits, des esprits vulgaires.

L'événement, l'acte dont on s'occupe paraît singulier parce qu'on n'en connaît ni la cause ni le but, les esprits travaillent pour trouver une explication aux choses qui ne regardent que les intéressés, on cherche midi à quatorze heures, on débite mille sottises préjudiciables.

La femme chic, au contraire, a une réputation méritée d'indifférence sur ce point.

Elle ne fait jamais « d'histoires ». Par ne pas « faire d'histoires », nous voulons dire qu'elle ne redit pas les « potins » qui ont pu venir jusqu'à elle et qu'elle ne cherche jamais à en être instruite.

Elle garde ses propres secrets et ne cherche jamais à pénétrer ceux des autres ni à recevoir de confidences. Elle craindrait de se trahir par inadvertance.

Il faut être avare d'avis et souvent taire son opinion.

La femme chic trouve qu'il est absurde de donner un avis qu'on ne demande pas, et que c'est en outre une incorrection. Si on sollicite d'elle un conseil ou même simplement une opinion, elle dit alors ce qu'elle pense, en toute sincérité, mais en prenant les ménagements bienveillants qu'il ne faut jamais négliger. Elle craint toujours aussi d'assumer légèrement la responsabilité d'un conseil qui peut aggraver le mal dont on lui a demandé le remède, ou qui peut engager celui qui a foi en ses lumières dans une situation fâcheuse. A plus forte raison, si on ne la prie pas d'exprimer son sentiment dans une affaire ou sur un événement, veut-elle se taire. Elle n'a pas de prétentions à une compétence universelle ou même particulière.

Elle ne cherche pas à convaincre les autres de son infaillibilité, elle se récuse toutes les fois qu'il lui est possible. Ne faut-il pas un art infini pour faire accepter des conseils, alors même qu'ils ont été sollicités? Puis ne risque-t-on pas de faire fausse route avec les meilleures intentions du monde? Nous ignorons presque toujours les *véritables* mobiles des actions de celui que nous voulons guider ou qui veut être guidé, alors même qu'il *croit* nous avoir ouvert son cœur. Il est rare aussi que nous connaissions parfaitement les événements, les affaires sur lesquels nous avons à nous prononcer.

Il est donc plus sage et de meilleur goût de nous abstenir, à moins qu'il ne nous soit surabondamment démontré que notre intervention est utile, nécessaire (c'est alors un cas de conscience). Mais alors

14

il faut appeler à son aide un tact infini, une extrême délicatesse de toucher, une grande lucidité de jugement, — des dons qui appartiennent justement à la femme chic.

« Les conseilleurs ne sont pas les payeurs », dit la sagesse des nations. On peut compromettre le bonheur ou le succès des gens pour les avoir détournés de la voie qu'ils voulaient suivre ou, même, pour les avoir encouragés à la suivre!

Même dans la simple conversation, sans qu'il soit question de conseils à donner, vous n'entendrez pas la femme chic exprimer une opinion, si elle n'est bien certaine de comprendre les choses dont on parle, de pouvoir dire très clairement ce qu'elle pense, et s'il n'y a pas d'inconvénient à se prononcer.

Ce n'est pas d'elle qu'on dira qu'elle parle avant de penser. Elle a vu que tant de femmes se font mal juger parce qu'elles parlent sans réfléchir; que celle-ci passe pour cruelle quand elle est bonne; celle-là pour une créature froide, quand elle est affectueuse ; cette autre pour inconsistante quand elle est sérieuse, qu'elle s'est juré de ne pas donner son avis sur tous les sujets à l'aventure. Elle ne le formulerait pas non plus si elle ne l'avait bien en main, si elle n'était *certaine* de sa justesse : elle sait qu'il est très facile à un interlocuteur agressif de troubler, de déconcerter celui qui pense autrement que lui, aussi veut-elle être sûre de sa force.

On doit craindre de blesser les autres en parlant.

Il nous faut bien veiller sur nos paroles. Nous sommes libres de retenir ou d'exprimer notre pensée. Mais quand elle a revêtu la forme des mots, elle ne nous appartient plus, nous n'en sommes plus maître, elle est devenue un fait, un être doué d'une vie propre, elle a des conséquences parfois incalculables.

En aucune occasion, il ne faut se laisser aller à la moquerie, c'est un défaut d'où naissent de grands maux.

Il y a des personnes qui, dix fois par jour, perdent une bonne occasion de se taire. C'est quand elles émettent tout haut des réflexions désagréables pour autrui. Elles ne manquent pas toujours d'esprit ou d'intelligence, comme on pourrait le croire, c'est sciemment qu'elles parlent, parce qu'elles sont désobligeantes, parce que toute générosité leur fait défaut, parce que c'est une jouissance pour elles de peiner ou de piquer les autres.

On devrait riposter à ceux qui ont de ces vilaines intempérances de langue : « Le silence est d'or. » Oui, mais ils seraient bien fâchés de rester silencieux pour être aimables. De grâce, qu'on ne dise pas : « Ces gens-là sont un peu brusques, mais ils ont le mérite d'être francs. » Cette franchise-là, c'est de la méchanceté gratuite.

Dominé par la crainte d'affliger quelqu'un, on renfoncera plus d'un mot excellent et joli mais piquant. Tout en évitant de flatter les amours-propres aux dépens de la vérité, il faut les ménager et beaucoup. Dans le monde et partout, mieux vaut tâcher de plaire que de briller, ne sacrifier personne au besoin de faire un bon mot, ne pas laisser échapper un mot étincelant, spirituel, s'il est seulement *un peu* méchant. On est payé au centuple de cette retenue par l'approbation de sa conscience et par celle des cœurs honnêtes et bons.

Les compliments
dans la conversation.

La femme chic a pour principe, au sujet des compliments, qu'il ne faut pas se risquer à en faire si l'on ne possède une souveraine habileté, surtout lorsqu'on les adresse à une personne intelligente.

Il y a aussi des compliments qui ressemblent à des impertinences. Une jeune femme n'aime pas qu'on lui vante son *gros* bon sens, qu'on lui dise qu'elle ferait une jolie *soubrette*.

D'autre part, elle ne les prend pas au pied de la lettre. Il est des personnes très bienveillantes, mais un peu banales, qui sont disposées à voir tout en beau.

Les gens naïfs, tout modestes qu'ils

peuvent être, se laissent faire. Ils ignorent qu'il y a des flatteurs qui ne pensent pas un mot de ce qu'ils disent, et, encore, des personnes qui ont, par éducation et tradition, les façons de ceux qu'on appelle les *courtisans.*

En Espagne, le *caballero* qui « baise les pieds » d'une dame, serait furieux si elle lui donnait sa pantoufle à embrasser. Pourtant le même *hidalgo* se croit obligé de dire aux jeunes femmes un peu jolies qu'elles l'empêchent de dormir; que s'il les avait rencontrées plus tôt, il serait un autre homme; que si elles sont froides à son égard elles le désespéreront; qu'en leur présence il ne voit qu'elles, n'entend plus l'opéra, etc. Les *señoras* savent bien à quoi s'en tenir, mais une petite Française n'aurait qu'à prendre ces choses argent comptant.

Chez nous, on n'est pas aussi hyperbolique, on exagère parfois un peu l'expression de ses sentiment par politesse ou extrême bienveillance. Il faut prendre garde de part et d'autre. Mettons un peu plus de sincérité dans nos paroles agréables. Si nous n'avons pas sujet de complimenter, nous pouvons nous taire. Si nous faisons un compliment mérité, n'allons pas au delà de ce que nous sentons. On peut être très courtois, charmant même, sans *grossir* l'expression de sa pensée.

Faut-il complimenter une personne à laquelle un bonheur vient d'arriver, on le fera de grand cœur en peu de mots. Veut-on adresser des louanges à celui qui a fait quelque chose de bien ou de beau? On ne l'écrasera pas d'un flot de paroles bêtes ou banales, mille fois entendues. Un mot bien simple, un regard attendri ou enthousiaste, trouvent mieux le chemin du cœur de l'homme heureux.

Il n'est pas beaucoup plus aisé de *bien* louer ou féliciter les gens que de les blâmer ou de les plaindre.

Parlons simplement et purement.

La femme chic parle avec élégance et simplicité. Elle lit les grands écrivains, réfléchit, voit combien on diffère d'eux. Elle fait son étude de parler purement sa langue, de laisser au français toute sa netteté, sa correction, sa clarté, sa fière concision.

Elle n'hésite pas à se servir des termes précis lorsqu'ils n'ont pas un cachet de trivialité, lorsqu'ils ne sont pas à éviter par l'association d'idées qu'ils éveillent.

Elle préfère dire « malpropreté » que « saleté », « vilain temps » que « sale temps », etc.

Elle dit fort bien « un homme de mes amis », au lieu d'un « monsieur de mes amis », « une femme charmante » au lieu d'une « dame ». Mais si un inconnu qui s'est présenté chez elle sans la trouver revient le lendemain, elle ne dira pas : « C'est vous *l'homme* (ni *le monsieur*) qui êtes déjà venu hier? » Très élégamment elle trouvera cette interrogation gracieuse : « C'est vous, monsieur, qui, hier, avez déjà pris la peine... »

Elle n'émaille jamais ses phrases de mots étrangers, à moins que ce ne soit nécessaire pour désigner une chose qui n'a pas d'équivalent dans notre langue. Mais elle trouve plus joli de dire *une partie de jardin* qu'un « garden-party »; *le thé de cinq heures* qu'un « five o'clock tea », etc.

La simplicité est la fidèle compagne de la distinction. La pose est en complète opposition avec le charme et la grâce. Quand on parle la glorieuse langue de Voltaire et de Molière, on laisse celle de Shakespeare aux Anglais, ce qui ne veut pas dire qu'on ait tort d'apprendre cette dernière ; mais il ne faut pas *l'entremêler* à la nôtre, pour faire montre de son savoir ou par faux chic.

Bien plus encore, la femme élégante rejette-t-elle impitoyablement les termes d'argot. Elle rougirait de se permettre ces iucartades de langage qui défigurent au moral et au *physique* même. Ce sont les crapauds et les couleuvres du conte, qui sortent d'une jolie bouche.

Je sais qu'au dix-huitième siècle, quelques grandes dames et le maréchal de Richelieu *affectèrent* d'émailler leurs billets de fautes d'orthographe et de parler le langage des dames de la Halle de leur temps. Leurs idées faisaient loi parmi les snobs du temps, toutefois peu de gens les suivirent. Les vraies femmes comprirent qu'il est attentatoire à la dignité maternelle de parler une langue triviale à ses fils. La mère est certainement diminuée, si ses enfants peuvent la taxer de vulgarité, et la femme du monde déchoit aux yeux de ses amis. Parler volontairement un langage incorrect, c'est manquer d'élévation dans l'esprit. Il ne faut pas « parler comme un livre », il faut se laisser aller à sa nature, mais lorsque la culture l'a dépouillée de toute inélégance, de toute laideur. Je ne demande pas non plus qu'on s'exprime comme les immortels de l'Académie, mais, si simplement qu'on cause, si peu qu'on ait à dire, qu'on le fasse en bons termes, bien clairs et bien français.

Le tact dans la conversation.

La femme chic redoute de commettre des impairs. Aussi ne parle-t-elle jamais d'une personne contrefaite ni d'aucun défaut physique, avant de regarder autour d'elle s'il ne se trouve pas de ces disgraciés dans l'assistance.

On jouait un jour dans une maison au jeu des *Confessions*, et à cette question qu'on lui pose : « L'objet de votre plus grande aversion? » un assistant répond : « Un plat manqué, une femme grêlée. » Il n'avait pas achevé qu'il jette les yeux autour de lui et, en face, il aperçoit une pauvre jeune femme abominablement défigurée, par la petite vérole. Le rouge était monté au visage de la dame et ses yeux s'étaient emplis de larmes. Mais le plus malheureux des deux était le « monsieur » étourdi. Tout le monde, du reste, était mal à l'aise. Comment réparer la maladresse sans agrandir encore la blessure?

Le sage ou le saint qui a dit : « Il faut tourner sept fois sa langue avant de parler », ne devait jamais blesser personne. Non seulement par générosité, mais encore pour ne pas nous attirer de haine dangereuse, craignons de parler imprudemment.

Je sais beaucoup de gens qui, sans méchanceté aucune, mais pour avoir parlé

étourdiment, se sont fait des ennemis irré-
conciliables. Une jeune fille dit un jour
sans avoir regardé autour d'elle : « Je
déteste les bruns. » Un jeune homme brun
se trouvait parmi ceux qui étaient pré-
sents. Il avait l'amour-propre très sensible
et il conçut contre l'imprudente une rancune sans pardon. Je ne dis pas qu'il eut
raison, je trouve même que ce ressenti-
ment était exagéré, absurde. Mais avant
de laisser tomber de telles paroles, la jeune
fille devait s'assurer qu'aucun des assis-
tants n'en pouvait être blessé. Et, mieux,
comme elles étaient fort inutiles, il fallait
les retenir.

La charité dans la conversation.

La femme chic, élégante, écarte de la
conversation tout sujet qui peut devenir

pénible ou blessant pour l'un des interlocuteurs. Elle empêche qu'on attaque la religion devant une personne pieuse, qu'on fulmine contre un parti, en présence de gens qui appartiennent à cette foi politique.

Il est très maladroit de parler ainsi de choses graves et souvent avec âpreté, sans savoir si on ne peinera pas quelqu'un parmi ceux qui nous entourent. C'est tout à fait odieux si l'on sait qu'on blesse les sentiments de ceux qui nous écoutent. La conscience et les opinions sont libres, il faut respecter chez les uns et les autres le droit de penser.

Notre femme chic intervient avec douceur pour calmer les discussions de ce genre ou d'autres, quand elles menacent de devenir violentes ou seulement discourtoises.

Tenez, voici un tout petit exemple des précautions à prendre en parlant : Vous avez des raisons de croire qu'une personne de votre cercle a rompu ses relations avec l'un de ses amis, ou qu'un peu de froideur s'est glissée dans leurs rapports. Évitez de demander : « Voyez-vous toujours monsieur ou madame une telle ? » On vous garderait peut-être rancune de cette intervention... maladroite si elle n'est méchante ; puis, — considération à laquelle il faut surtout obéir, — vous raviveriez peut-être une peine, ou vous pourriez causer un embarras, une gêne.

La femme chic est en général clairvoyante et intelligente. Rien ne lui échappe, comme on dit. Alors, il est des mots qui peindraient d'un trait les choses et les gens, tout près de jaillir de ses lèvres. Ils n'en sortent pas. Elle les refoule, même dans les moments d'impatience et d'indignation où l'on est moins maître de soi. Plutôt que de peiner quelqu'un, elle préfère patauger, ne pas les laisser sortir, si elle n'a pas eu le temps de réfléchir avant de commencer sa phrase.

Et qui ne l'approuverait d'embrouiller son discours, quand elle s'aperçoit qu'elle va, blesser... même qui ne mérite pas ces ménagements?

Avec beaucoup d'esprit, infiniment de tact, il semble que l'on puisse manier l'arme dangereuse de la plaisanterie. Mais qui ignore qu'une fine raillerie, une légère ironie froisse parfois davantage les gens sensibles et délicats qu'une injure grossière. Aussi la femme chic et bonne se ferait-elle scrupule d'égratigner du bout de son ongle rose.

L'homme qu'elle aime.

Ce qu'il doit être.

Il faut qu'il se distingue par la noblesse
du caractère. Que la droiture, la sincérité,
l'indépendance, la loyauté et la fierté
soient au nombre de ses qualités. Il faut
qu'en toutes circonstances, à toutes les
périodes de sa vie, il possède l'auréole que
donne la grandeur d'âme.

Elle veut qu'il soit doué d'endurance
et de vaillance, qu'il ait la force des
braves cœurs, cette force qui surmonte
les obstacles, qui rend l'infortune légère,
et qui fait porter la prospérité avec élégance.

Elle ne s'appuierait ni avec joie ni avec
fierté sur le bras d'un homme au cœur
faible, pusillanime, à qui il faut frayer

une voie facile, qui ignore le pouvoir de l'effort. Elle ne supporterait pas qu'il se laisse aller au découragement, au désespoir, elle dirait que c'est folie, presque crime.

Non, elle va à l'homme dont le cœur est vaillant, sachant que rien ne lui est impossible, n'ignorant pas que le courage est la meilleure, la plus saine philosophie, qu'il faut supporter les épreuves et les vicissitudes et emporter la victoire finale. Auprès de cet homme — son instinct le lui a révélé, — la vie, si courte, est aussi bonne qu'elle peut l'être ; c'est le résultat des efforts de celui auquel elle donne son amour.

Et, surtout, elle a besoin d'admirer son compagnon de vie, celui que la nature et la société ont fait le plus fort, pour qu'il soit le protecteur. Il lui plait qu'il sache affronter le danger, la mauvaise fortune, la mort, qu'il ait cette bravoure élégante et française, qui secourt toujours le devoir et la nécessité.

.

Elle veut trouver aussi en lui des qualités tendres, des qualités de cœur. Il doit être doué de courtoisie, — ce sentiment de bonté, de sympathie pour nos semblables, qui s'exprime, à chaque instant, par une constante manière d'être agréable.

La politesse n'est que la bienveillance dans les petites choses, les plus légères oocasions. Une vrai gentleman ne manque jamais d'égards pour les autres; il respecte tous leurs droits et tous leurs sentiments. Il se fait reconnaître par son intuition de tout ce qui peut faire plaisir aux autres, même dans les matières les plus insignifiantes, et il ne dédaigne pas d'apporter son attention à donner de la satisfaction à ses semblables, aussi bien dans les toutes petites occasions que dans les grandes.

La franchise et la cordialité caractérisent toutes ses rencontres avec ses amis, ses camarades ou ses compagnons, même fortuits. Et si haut qu'il soit placé sur l'échelle sociale, l'homme de la condition le plus humble se sent à l'aise près de lui !

Jamais il n'a l'air de supposer qu'il soit plus intelligent que les autres hommes, qu'il leur soit supérieur par un point quelconque, même par la force physique, dont certains s'enorgueillissent.

Cet homme aimé de la femme chic se trouve, comme elle, dans toutes les classes de la société. Vous le devinerez à sa distinction naturelle, à son urbanité, sa douceur, sa bonté, sa bienveillance, unies au vrai, au fier courage. C'est un gentilhomme enfin, bien qu'il puisse ne pas être né sous une couronne héraldique.

Voyez-le, en toutes circonstances, il est calme, nullement encombrant. Il agit plus qu'il ne parle. Il ne tient pas à paraître ce qu'il n'est pas. Il veut être lui-même. Et, comme il a raison ! ce *lui-même* est souvent bien au-dessus des autres, mais il semble l'ignorer et c'est un de ses charmes.

*
* *

Il est agréable à la femme chic que celui qui souhaite son amour se pare d'une fleur d'élégance, qu'il ajoute, à toutes ses hautes qualités, la culture des bonnes manières. Elle sait tant le pouvoir des façons aisées et gracieuses ! Et lui doit comprendre que c'est folie de négliger, de mépriser cette étude.

N'est-il pas attristant de voir parfois, dans les salons, un homme de valeur perdre la moitié de ses moyens parce qu'il est conscient d'ignorer tout ou partie des usages, du cérémonial, etc., tandis que des gens qui ne lui vont pas à la cheville, puisent leur aplomb dans la connaissance des règles de l'étiquette.

Il est vrai que l'homme rêvé par la femme chic a assez de force morale pour surmonter une gêne née d'aussi petits motifs, et que son caractère le grandit suffisamment pour que les gens rencontrés ne puissent (à moins que ce ne soient des snobs très sots) le diminuer pour de légers manquements aux simagrées à la mode du moment.

Il sera toujours préféré par les bons esprits à celui qui, saluant avec aisance et désinvolture, sachant entrer et sortir, parlant pour ne rien dire, etc., n'est qu'un homme méchant, égoïste, persifleur, dont toute la supériorité consiste à accomplir toutes les vaines cérémonies avec élégance.

Mais ce n'est pas une raison pour que l'homme vers qui la femme chic est atti-rée, ne raffine pas ses manières, sa façon d'être. Elle le voudrait presque parfait. Et cette étude, dans laquelle elle peut toujours le guider, où qu'elle soit née, est en réalité si facile !

Qu'il prenne quelques soins de plaire. Chevaleresque par nature, il lui sera aisé d'être délicatement prévenant pour toutes les femmes, de leur montrer les grâces réelles de son esprit. Croyez bien qu'il peut être charmant, lui qui traite tout le monde avec bonté, qui sait sacrifier ses convenances, qui ne voudrait blesser personne, qui est modeste malgré sa hauteur morale, qui a la générosité des forts.

Sa simplicité en toutes choses est un charme. S'il est éloquent, il n'enfle pas sa pensée par des mots outrés, il ne la rapetisse pas par des expressions triviales, il trouve toujours le chemin des esprits et des cœurs.

Qu'on ne croie pas que l'étude et la pratique des usages soient de vaines puérilités. Oh ! non, on ne saurait croire comme les petites choses ont parfois d'influence sur la destinée des hommes. Le cérémonial ne pourra d'ailleurs être supprimé que le jour où les sociétés, arrivées à une perfection entrevue, seront régies par les lois de bienveillance et de générosité observées par tous. Jusque-là un peu d'étiquette obligera à se respecter les uns les autres.

L'homme intelligent qui, désormais, peut arriver aux plus hautes situations, doit, si besoin est, compléter son éducation. L'ignorance où il saurait être de mille prescriptions mondaines, futiles mais en vigueur dans les salons, le rendrait timide, gauche dans la crainte où il serait de commettre quelque balourdise. Au contraire, rompu aux petites questions de l'étiquette par l'observation et l'étude, le voilà sûr de lui, avec une démarche plus gracieuse ou plus imposante, une parole plus facile, des mouvements plus aisés, plus harmonieux. La critique ne peut plus l'atteindre.

Dans le voyage que Franklin fit en France, il trouva bien des admirateurs dans notre société du dix-huitième siècle, mais il éprouva peut-être quelque malaise sous les regards observateurs et sans doute moqueurs d'une marquise, qui s'étonnait de la manière dont il mangeait les œufs à la coque et les asperges. Le philosophe manquait aux « formes » et à l'élégance, ce qui lui fit perdre moitié de l'estime de cette grande dame, dont il eût peut-être ébranlé les convictions, s'il eût rehaussé son noble caractère par des façons de cour.

Qu'en coûte-t-il de se compléter par un peu d'attention et d'étude? Si l'on a le bonheur d'être aimé d'une femme chic, il faut se remettre entre ses mains pour acquérir le peu qui manque, mais dont l'acquit sera de grande importance, qu'on en soit certain.

*
* *

La femme chic désire que l'homme qu'elle a distingué ait une tenue soignée. Du côté masculin, on manque parfois de cette coquetterie nécessaire. Il y a déjà longtemps, cependant, que lord Chesterfield disait à son fils que c'est un moyen de réussir dans le monde.

Le grand luxe de la toilette d'un homme, c'est le linge. On ne peut pas toujours l'avoir magnifique, mais il doit être net et frais. Toute tache qui survient aux vêtements doit être méticuleusement enlevée;

les chaussures doivent être débarrassées soigneusement de toute maculature de boue, de toute poussière. La cravate est un objet de nécessité absolue. Les mains, très propres, doivent être protégées par des gants, au dehors, toutes les fois qu'on le peut. Une chevelure, une barbe hirsutes, offrent l'aspect le plus déplaisant ; il ne faut porter longue ni l'une ni l'autre.

Il est certain que, pendant les heures de certains travaux, on ne pourrait conserver cette apparence correcte. Mais l'ouvrier lui-même peut faire « un bout de toilette », lorsque l'heure du repos arrive.

Un homme chic, à quelque classe qu'il appartienne, est toujours découvert dans sa maison, sous le toit des autres et lorsqu'il pénètre dans un lieu consacré à un culte religieux, encore dans d'autres cas ; à part ces circonstances, il se couvre dès qu'il met le pied dans la rue. Rien n'est de plus « mauvaise forme », comme disent les Anglais, que de s'y montrer la tête nue.

* *
*

La femme chic, dont le cœur est haut situé, souhaite bien mieux encore.

L'homme qui lui plaît est l'esclave du devoir. Elle veut qu'il accomplisse tous ceux qu'il a contractés envers les siens : son père, sa vieille mère, ses sœurs, dont il est devenu l'appui. Cette femme-là n'a aucun sentiment mauvais ou jaloux dans le cœur.

Elle sera la première à engager celui qu'elle aime à se soumettre à toutes les exigences de sa situation, à remplir toutes ses obligations envers la société et les individus.

Elle consent—avec enthousiasme—que la France passe avant elle dans le cœur de celui dont elle a voulu l'amour. S'il ne rendait à la patrie le culte profond et religieux auquel elle a droit, il serait tellement diminué à ses yeux que l'affection et la tendresse qu'elle lui aurait vouées sortiraient de son cœur sans qu'elle pût les retenir.

La France doit être « la Dame » idéale du chevalier qu'elle aime ; elle ne veut venir qu'après elle. Et c'est la même entité sacrée qu'ils proposeront, tous deux, à l'amour de leurs fils.

L'idéal, sous toutes ses formes, nous rapproche du divin, aussi la vraie femme est-elle heureuse si l'homme aimé accepte les hautes conceptions du génie humain.

Elle sait bien que de ces cimes, il saura redescendre pitoyable vers toutes les faiblesses ; que les plus grands sont les plus doux, et que celui-là qui vient d'entendre parler les Dieux, saura essuyer les larmes d'une femme, d'un enfant, compatir à la souffrance du plus humble animal.

Tel il faut devenir à la rencontre de la femme chic, dont on veut être aimé.

FIN

TABLE DES MATIÈRES

COMMENT ELLE PARLE

L'HOMME QU'ELLE AIME

ÉMILE COLIN ET Cⁱᵉ — IMPRIMERIE DE LAGNY

Ernest FLAMMARION, Éditeur, 26, rue Racine, Paris

OUVRAGES

DE LA

Baronne STAFFE

Ces livres, qui sont un aide, un concours précieux, ont été écrits par la baronne Staffe, qu'on a nommée l' « Éducatrice de la femme moderne ». Former des mères, des épouses, des femmes capables de tenir leur place dans toutes les classes de la société, telle est son ambition.

Tous les cas difficiles, épineux, qui se rencontrent dans la vie et réclament une décision sûre, y ont été prévus. Des avis, qui font force de loi, y sont donnés à la femme pour lui faire acquérir cette grâce simple, ce charme voilé qui l'enveloppent comme d'un parfum, pour lui inculquer cette politesse exquise qui est, au bonheur du genre humain, plus nécessaire qu'on ne pense.

Qui sait comment se fonde le bonheur travaille à l'avancement de son être moral, et n'ignore pas non plus que la personne physique ne peut être négligée.

Usages du Monde moderne, Règles du Savoir-vivre dans la **Société.** — *1 volume in-18.* . . . . 3 fr. 50

Pour la première fois, dans les **Usages du Monde,** grâce au tact, à la science mondaine, à l'éducation aristocratique, à la méthode de la baronne Staffe, le public, tout le public, grande et petite bourgeoisie, a été renseigné par un guide expérimenté sur tous les cas, si nombreux, qu'offrent les relations et convenances de la société contemporaine : *naissances, baptêmes, première communion, fiançailles, mariages, devoirs des demoiselles et garçons d'honneur, visites, soirées, bals, deuils, hospitalité, etc.*

Le Cabinet de Toilette, *1 volume in-18.* . . 3 fr. 50

Il n'existait jusqu'à présent aucun livre qui résumât précisât d'une façon pratique les soins à donner à toutes les parties du corps pour lui garder la fraîcheur et la beauté. On peut donc affirmer que la baronne Staffe vient d'écrire le *Véritable Livre de la Femme;* et pour qu'un tel livre fût pris en considération par les mères

de famille, il fallait toute l'autorité que donne à la baronne Staffe sa grande notoriété mondaine et littéraire.

L'écrivain initie ses lecteurs à tous les petits secrets du maintien de la beauté, de la fraîcheur, et il donne aussi les plus sages conseils hygiéniques pour la santé.

La Maîtresse de Maison, l'Art de recevoir chez soi.

1 *volume in*-18 . . . . 3 fr. 50

Cet ouvrage initie la femme à l'art le plus consommé de diriger un ménage, de recevoir chez elle, d'organiser ses soirées et réceptions, avec les moyens de réaliser des économies appréciables.

L'auteur a peint ici, avec sa compétence et sa précision coutumière, ce qu'elle appelle le *royaume de la femme*, c'est-à-dire l'intérieur domestique, le *home* où la femme exerce en effet son aimable et utile royauté, comme épouse et comme mère, et aussi comme femme du monde. On peut dire que c'est le véritable livre de la famille française.

Traditions Culinaires et l'Art de manger toutes choses à table,

1 *volume in*-18 . . . . 3 fr. 50

Les renseignements que l'auteur nous fournit sur les plats et accommodements, sur les différentes espèces d'aliments, sur la façon même de manger certains mets, sont les plus précis, les plus circonstanciés, les plus utiles à quiconque est soucieux d'une bonne digestion, en même temps que de conserver, en chaque occasion, l'allure de distinction qui convient à toute personne bien élevée.

Les maîtresses de maison, tant pour la ville que pour la campagne, où elles villégiaturent, trouveront dans ce précieux recueil les réponses les plus sûres aux nombreux cas que peuvent présenter ou les repas intimes ou les repas de fête, toutes cérémonies en général qui demandent pour leur accomplissement une table coquettement préparée et des plats appropriés.

La Correspondance dans toutes les circonstances de la vie.

1 volume in-18 . . . . **3 fr. 50**

Dans ce nouvel ouvrage, qui répond à tant de besoins, la baronne Staffe prévoit tous les cas, ordinaires ou délicats, où nous avons à correspondre avec nos amis, nos relations, nos hommes d'affaires et même nos serviteurs.

Ce volume mérite une place à part dans la bibliothèque de toute femme que sa situation mondaine, ou seulement sociale, met forcément en rapport d'intimité, d'affection, de politesse, d'intérêt, avec la société ambiante.

Mes Secrets pour plaire et pour être aimée.

1 volume in-18. . . . . **3 fr. 50**

L'auteur continue, en ce livre, les enseignements si bien accueillis du public féminin, et donne à toutes celles que la nature a le moins douées les moyens de *se faire une beauté*. Dans ce bon livre la baronne Staffe s'occupe au point de vue de l'élégance, de la grâce et du goût, du vêtement et aussi du cadre au milieu duquel la femme se meut.

Elle révèle mille petites ressources qu'on possède en soi et qu'on songe trop peu à mettre en valeur, si même on ne les ignore tout à fait.

Elle donne les moyens à employer pour arriver au but de l'ambition de toute femme : plaire et se faire aimer.

La Femme dans la Famille *1 volume in-18* 3 fr. 50

La fille (et la sœur); l'épouse (et la fiancée); la mère (et la grand'mère).

La baronne Staffe s'est donné la tâche d'indiquer à la femme le rôle qu'elle doit remplir dans la maison paternelle, les devoirs de la vie conjugale, les obligations sacrées de la maternité.

Voilà le but que s'est proposé celle qui a essayé en de
nombreux livres déjà, de diriger la femme dans la vie, et
nous croyons qu'elle a atteint ce but en ce volume qui
couronne pour ainsi dire tous les autres... et ceux qu'elle
écrira, car elle n'a pas déposé sa plume infatigable.

Pour augmenter son Bien-être
La vie à la campagne

1 *volume in-18*. 3 fr. 50

Ce dernier ouvrage est en quelque sorte le livre de
chevet du maître et de la maîtresse de maison, par ses
nombreux conseils de la vie pratique et par ses indica-
tions précises, par ses recettes utiles, et est devenu le
compagnon indispensable que l'on consulte tous les
jours et qui, par ses sages conseils, nous permet d'augmenter notre bien-être.

Les Hochets féminins.
Bijoux, dentelles, éventails, etc.

1 *volume in-18*. 3 fr. 50

Après avoir guidé la femme dans la direction de sa
maison, dans le choix judicieux, pratique et élégant de
ses vêtements, dans tous les soins à donner à sa personne, la baronne Staffe étudie les élégantes superfluités : Bijoux, Dentelles, Broderies, etc. Quelle est
leur origine, leur valeur ; comment faut-il les choisir
et quel est le meilleur emploi à en faire, c'est ce que
l'aimable écrivain a traité avec une spirituelle aisance
et profit pour ses lectrices.

Le cartonnage se paie en sus 50 centimes.

On peut se procurer également
les neuf volumes, en reliure riche, dans un étui.

PRIX : **45 FRANCS**

(Envoi franco contre mandat.)

www.ingramcontent.com/pod-product-compliance
Ingram Content Group UK Ltd.
Pitfield, Milton Keynes, MK11 3LW, UK
UKHW021921070726
13614UKWH00001B/167